前半生中國人
後半生美國人

王定和 著

香港、臺灣、中國大陸兩岸三地的影劇界人士移民美國後，他是唯一的電視、電影演員以「三本美國生活經驗，五本專業知識著作」在美國50州華 人社區具有高知名度的人。

2002年7月27日星期六　美國世界日報

⬆82歲高齡的葛香亭(左一)頂著大太陽，參加遊行，令人心酸。

日韓及大陸劇入侵 台灣藝人喝西北風

爭工作權 200資深演員上街頭

【本報台北訊】82歲的葛香亭、73歲的李行、坐輪椅的唐文傑、帕金森氏症的宋存壽、兩眼幾乎看不見的胡祥評等200位資深藝人，26日上午在烈日炙曬下，參加演藝工會發起的反韓、抗日，爭取工作和生存權大遊行，從教育部走到行政院，王俠一度和行政院警衛拉扯，場面差點失控。

這項近年來最大規模抗爭行動，由演藝工會理事長楊光友擔任總指揮，立委秦慧珠等民意代表到場聲援，她一開始便說：「看看李天柱先生，演技這麼好，一年半沒演戲，我先生魏約翰是『花系列』製作人，也兩年沒做戲了，八點檔看韓劇、日劇、大陸劇、港劇，就連一個韓國變性人來台都大受歡迎，台灣藝人只有喝西北風。」

剛從大陸拍戲回來的李立群，也加入遊行隊伍，他記錯日期，25日就白跑了一趟，車禍傷及腰椎的他，走路仍不太穩健，但看到葛香亭等人，他二話不說，全程陪到底，他說：「台灣演藝生態太差，大家只有團結一條路可走。」

留了長髮的李天柱，一年半來只有一齣舞台劇找他，他無奈的表示：「藝人是國家化妝師，外來劇長趨直入，我們國家還有什麼形象可言？」李昆、丁強、常楓等「金」字輩藝人也高舉白布條，即將投入市議員選戰的梅長錕、歐陽龍、侯冠群都在場聲援。

2002年7月27日星期六世界日報「臺灣新聞（二）」刊出這篇報導，看了這新聞報導，我的反應是：

任何以工商立國或朝向工商業發展的國家，其社會轉變快速，如果自己謀生的能力跟不上社會的轉變，那麼被社會淘汰是很自然的事，被這一行淘汰的人；要有另一種新興的行業接收或自己有另一種本事謀生才行。

20年前的印刷工人是用手檢字排版，現在是電腦排版，在社會和科技的轉變中，他不要學，不想學，也不願意學電腦排版，他唯一的結果就是被印刷這一行業淘汰，一旦被淘汰出這個行業才知道自己在這個社會中沒有「謀生的能力」就太晚了！不論怎麼抗議，印刷廠的老闆絕對不會再改為手工排版，而政府不可能命令老闆放棄電腦排版改為手工排版！

臺灣的汽車工業比韓國早，韓國的汽車已經打入美國市場很多年了，而臺灣呢？差得遠了！

臺灣的電視比韓國、香港和中國大陸早得多，大家是真正「龜兔賽跑」，別人是「龜」，但故事好，編劇好，導演好，演員好，全體做出來的「優秀」。臺灣是「兔」，但故事差，編劇差，導演差，演員肯學的少，不肯學的多，現在沒戲演，大家就只能抗議囉！

你要隨著社會的轉變而精進謀生呢？還是被淘汰以後才知道自己沒有「謀生的能力」呢？由你自己選擇！

目次

Contents

四十歲，在下正當不惑之年，又剛在電視界冒出點名來，應《觀眾》電視周刊之邀提筆寫自己的出生、家庭、遭遇和感言，名之為「王公子半生」。

四十一歲移民美國，到2002年3月65歲寫出「王老公子後半生」，書名是「前半生中國人，後半生美國人」。

寫在本書的前面 —

入鄉隨俗才能立足

上帝管天堂和地獄裡的人，人要投胎的時候，是由長嘴鳥（Stork）送到人間。我投胎前，上帝命令長嘴鳥把我送到密西西比河，長嘴鳥來到地球，一看到萬里長城就以為是密西西比河（因為從高空看下來河流和長城都是一條線），於是把我一丟就回去了——世界上又一個投錯胎的人。

一個投錯胎的人從小到大到中年，甚至到死，在思想、行為和語言上都與五千年歷史文化格格不入，為了減輕自己的痛苦，不得不好好研究「為什麼中國人會這樣？」

一九七九年移民到美國，一來到這個國家就覺得這個國家的一切好面熟，不幸得很，偏偏臉又錯了！

英文說：「There's nothing perfect.（沒有十全十美的事。）」，長嘴鳥高空下看，「誤把長城當河流」的錯誤，卻把我害得好苦，為了瞭解新環境是怎麼一回事，又不得不努力研究「為什麼美國人會那樣？」

可能是「天降大任於斯人也」的緣故，上帝賜給我AB型血，A型血要我研究中國人，B型血要我研究美國人。因此，我用中文為中國人寫了一本《在美生活須知》，用英文為美國人寫了一本《How To Understand The Chinese》，該書由美國在臺協會人員致電臺視向本人致敬，並經當時節目部管理組組長呂曉達先生（現在加州）告之本人已移民美國。

其實，我只是一條連接中美兩岸的「橋」。「橋」並不能代表兩岸的政府、海關和法官，「橋」的任務只是告訴中美雙方的人如何瞭解對方。因此，與我爭論永遠得不到（O.K.）或是「原諒你」的結論！

在美國，中國人為求一日三餐一宿而勞碌奔波，自己的事都煩不完了，那還有多餘的時間和精神去為別人的事煩心？我就撿了個大家沒空去做的事——替大家問「因為如此所以」，為大家讀「哦！原來如此」，像蠶吃「桑葉」（問和讀）然後吐一根「絲」（精簡的寫和說出來），希望這根「絲」能讓你賺到錢而改善生活；能讓你瞭解美國社會，因而改變思想而生活得快樂；或是使你因為知道是怎麼一回事，而不會被坑被騙。那麼，我的「桑葉」就沒有白吃，「絲」也就沒有白吐。

我最大的感慨是：

中國有權的男人讓女人纏足，造成千千萬萬女人身體上的殘障，尤有甚者，傳統的教育更是把人「纏」和「考」成心理殘障！大家都是「殘障」，生活在一起並不覺得誰有什麼特別不妥，一旦到另一個開放社會時，身體殘障的人可以運用他的意志學習來克服他生理上的缺陷，如小腳女人不能開汽車，她可以學習搭公車和電車，但是心理殘障的人不但無法與當地人交往和溝通，也不學、不問、不理當地的事，他們還把當地人看成怪胎，當地人當然也把他們看成怪物！

所有的相書，包括皇帝看人的《人倫大統賦》，最後一句話都是「相隨心轉」。由此可見「心」是可以改變的，只要把「心」放在研究當地人和事上，因為瞭解當地的人和事，進而與當地人溝通交往，就不會再有「苦相」和「死相」。

佛也說：「一切為心造」，想發財的人就得把「心」用在「如何才能發財」上。因此，要很用心的去讀、去學、去看英文資料和報告。有了知識才能造出錢財！

在這兒，我有一個小小的請求，那就是當你一個人靜坐時或午夜夢迴時，請捫心自問：「是美國政府求我移民美國的嗎？」「美國人會因為我的思想和生活方式與他們不一樣，他們就會改變成隨我的思想和生活方式嗎？」「我屌都不甩美國人的一切，美國人會想盡辦法來甩我嗎？」「政治是醜惡的，美國人選議員干我什麼事，我是不會捐錢投票的，美國人的議員就非得為我站出來說話和爭取利益嗎？」「管你什麼法律一過淩晨二時不准供酒的規定。老子要喝，你就乖乖端上來。不賣，老子就開打。美國警察就任憑我發威嗎？」你自己問，也由你自己回答。

美國的一切制度和法律是為美國人而設的。因此，美國不管閣下來自何方，也不管臺端過去地位如何顯赫，以及如何罩得住，若是不照美國的社會法制去做，那麼肯定吃虧的必然是你自己！甚至連累到親人或好友！

不少人一旦遇上這樣的事，他不反省自己的態度和處理事情的方法，也不去瞭解事實真相後謀求應對之道，立即歸罪於美國人種族歧視，依我看這是不對的。

寫這本書主要的目的是為大家而讀點東西、而想、而思考、而寫，希望這些對大家有用有幫助。我沒有「祖傳秘方」！

願你在美國能立足；願你心胸開闊；願你在美國生活得愉快；更切盼你能在美國發大財、成大業，而成為王安第二、王安第三，謹以至誠之心預祝您成功。

1774年美國開國的那一年，美國人選出Gerorge Washington為他們的總統，華盛頓奠定了美國的「民主」；第三任總統選出Thomas Jefferson，他奠定了美國的「法治」。「民主」與「法治」使美國在二百年內成為世界超強的國家。

三千年前中國人弄出皇帝，使中國成為「人治與專制」，人治與專治是不把人當人看的。因此，中國人不能把自己當人看，當然也不把別人當人看，自己被迫作賤自己，當然也作賤別人。

王小孩逃家記

1937年3月9日我生在日本東京薩阿薩亞區的河北醫院，因為家父是日本第一期庚子賠款留日學生。中日戰爭爆發，我就隨父母和姐姐回到北平，時年半歲。

當中日戰爭結束的時候，在下剛好八歲，民國三十六年隨家母及姐弟自天津乘海平輪直駛臺灣，二月初大年初二登上基隆碼頭，二月底就碰上228事變。

在北平新街口大三條2號，家有三進大院子，親友眾多，姐弟跟我三個小孩都在母親「視」力範圍之內有專人照顧，倒也不覺得寂寞。

從到臺灣以後，只剩我們一家五口住在羅斯福路二段十坪大的日本式公賣局配的宿舍裡。這個時候開始，我才與父親正式接觸。

家父生於民國前九年，在思想和生活方式上當然受傳統的影響，所以父親在家裡是一家之主，而且不苟言笑，無論從那個角度去看，都像傳統的中國父親大人。

從我與父親相處記事以來，家父好像只做兩件事。一件事是上班；另一件事是打牌，一直打到血壓高達二百四十度才從麻將牌桌上退休。

對外人而言，家父奉公守法，一生忠厚待人，安份守己，樂天知命，與人無爭，與事無爭，在公賣局服務二十多年，同事都稱呼家父四哥，人緣極佳。

但是對我而言，從我懂事開始，我不曾感受過家父對我的關切，甚至連一句鼓勵的話都沒聽家嚴對我說過。我所感受到的，只是我對父親的畏懼，因為只要我有什麼他覺得不對的地方，挨巴掌已是常事，常言說得好：「打人不打臉，罵人不揭短」，我的自尊硬是被父親的巴掌給打掉了。為了找回惜日失去的自尊，我已整整奮鬥不懈的往上爬了十五年，好累！

一個人一旦被人揍掉了他的自尊，再狠的修理，對他來講只是皮肉痛苦而已，對他的行為而言不會有什麼效用的。

親愛的為人父母大人們，請不要在您盛怒之下修理令郎和令媛，尤其不要順手一記耳光，阿彌陀佛！讓令郎和令媛保有他的自尊，甚於八百記耳光。

閒話少說書歸正傳，話說九歲那一年，為了偷母親的錢被父親抓到，父親狠狠的用馬鞭子抽了我一頓，同時也在我心靈深處刻下難以忘懷的傷痕。

小孩子在家偷錢、撒謊，往往是要引起父母對他注意及關懷的一種行為，真正的目的並不是要偷錢和撒謊，這是我後來在政大教育系唸書的時候才知道的。

長姐如同半個娘，姐姐常數落我：「著書立論罵父母，不孝啊…」。我沒有「罵父母」，我只是說出「事實」。

2002年1月12日65歲了，在中國時報時論廣場版上看到張雨田先生寫的「只有不孝子女，沒有不是父母？」終於明白我為什麼「不孝」了。只能說父母的優點，不能說父母的缺點，說了就是「大逆不道」。

只有不孝子女，沒有不是父母？

張雨田

奧薩瑪．賓拉登讓美國人睡不著。

未來讓國人睡不著的是；

為了確保未來，國人一方面拚命以年金、津貼的名目去向政府挖錢；另方面準備立法將子女對父母的奉養強制化，訂立「子女奉養父母法」。耐人尋味的是在父母VS.子女的兩造關係上，我們這個難民意識特強的民族早就建立一套獨步全球，獨厚父母予無限上綱的保障特權，而且歷經平等不斷補強精煉的「孝道」來制約子女。從子女呱呱落地起，「孝道」就迫不及待地以動作、神話、道德教育等無所不在的方式來洗腦、灌輸……，會發聲時要先會叫爸爸、媽媽；學語時聽的是二十四孝；有行為能力時切記「百善孝為先」，賺錢時莫忘「誰言寸草心，報得三春暉？」；及長更得「晨昏定省」，父母登天時除了場面必須備極哀榮外，還要精挑好山好水之地營造「豪穴」；在子女有生之年無止境地慎終追遠、祭祀不斷……。

那麼有這樣一個引以為傲的「孝道」保障下的父母，為什麼還要額外法條來強化？因為子女「不孝」？

因為其實子女正是父母的一面鏡子，所有的父親都知道對著鏡子來刮自己的鬍子，可是一旦面對子女這面鏡子時，卻永遠只想去割那面鏡子。

我們用明察秋毫來細列檢驗子女的義務，卻無視父母的權力如輿薪的膨脹，達成多少父母以為只要盡到生、養的二項義務，就可坐享「孝道」所列的一切福利？在此錯誤的認知下，多少父母對子女是只寵不愛，只刑不教？在此一面倒的終生保障下，造成多少不知盡責只想享權的父母卻偏偏是「多子多孫多福氣」的實踐者？「天下無不是的父母」已豁免了所有父母應盡的責任，也正當化了父母所有的「不是」。

今天連共產黨都早已廢除終生僱用制，因為那只會造就怠惰失職的員工。我們不但不思如何修正背後錯誤的源頭，卻還想為怠惰失職的父母尋求更多的保障。再說，我們何時才會反思，整個民族義無反顧地美化、神化「孝道」這種穴居時代的權益觀，早已在今天的社會製造了多少無奈的荒謬？就像在媒體上你總是可以讀到一個槍擊要犯如何心狠手辣殺人如麻時，最後記者為要加重語氣強調他是如何孝順父母。黑道議長入獄，妻兒也都要大言不慚地哭喊：「他是個孝子啊！」這些「孝子」正根深柢固地相信，一個人只要拔得「百善孝為先」的頭籌時，就可以理直氣壯地去進行諸惡？許多人只會瞎子摸象似的批評國人始終無法文明現代化，像李國鼎就慨嘆指出欠缺六倫是主因。我們民族的軀體已經走出洞穴，走過部落，走過王朝，進入二十一世紀，我們的孩子可以勇奪世界數學比賽冠軍，我們的科技可以進出頂尖的電腦……而是我們的腦袋（至少某一部份）卻還在山頂洞中打滾。

然而，如果我們還一味固執地讓穴居時期思維的五倫繼續在腦中充塞，第六倫永遠無法乘隙而入。我們解放了小腳，卻沒解放那被層層束縛的腦袋。在五倫的領域中，我們足稱世界文明之最，兄友弟恭、妻賢子孝。但是只要跨出五倫進入國家的領域中時，也堪稱世界笑話之最，社會失序、政治脫軌。

許多古老的民族身上背負的沉重包袱最不堪細究。

通常是層荒謬的果包裹住一個荒謬的因，這層荒謬的因其實又是更內層荒謬的果，說這樣層層相疊，互為因果，所以外表壯大似福德坑垃圾山的包袱，其實追根究底會發現包著的不過只是粒鼻屎。

所以，這回是否大家都該從因果來思考到底是繼續疊床架屋來修理「不孝」？還是正本清源來整治「不是」？

因為，鏡子上那粒污點，搞不好真的是你臉上的鼻屎！

（作者為資深廣告人）

說起唸書，更是「木薩薩」了，每學期不列名已成定局，不喜歡唸書就是不喜歡唸書，誰知道父母說：「你不唸書將來怎麼辦？」是什麼意思？要是我知道怎麼辦，我不成了神童啦！

罵也不唸，打也不讀，獎勵總可以了吧？兄弟二人誰能把算術做對就給誰一條帶珠珠兒的皮帶，王小子十分性格，寧可不要也不算！

王小孩在家很不乖，不乖的意思就是不聽話，所做所為不合父母的意思，中國人說：「三虎必有一豹」，我就是那頭豹，結果成為眾矢之的。

其實我本性善良，樂於助人，只是皮一點，寶一點，意見多一點，對不合理的事具有一股強烈的反抗心理和行為而已。但是在我們傳統社會中，具有這種個性的人，已經命中註定坎坷了。他在家是爹娘不親，舅舅不愛，在外就別提了。

所以女師附小成立第一屆問題兒童班的時候，王小孩很榮幸的被送到這一班，班導師李淑媛女士（現住舊金山灣區Tiburon市）帶我們全體小朋友到臺大醫院做智力測驗，測驗結果證明王小孩的智商相當高。

智商高的小孩是不甘寂寞的，所以從四年級到六年級王小孩做過不少轟動全校的大事；其中高潮節目當算是逃家了。

六年級上學期打破學校一塊玻璃，由於歷來記錄不良，前科累累，所以訓導主任要我叫家長來學校，王小孩一聽要請家長來，立刻嚇呆了，於是馬上給北投孤兒院寫了一封身世淒涼的信，第三天不等孤兒院有回音就蹺家了，一路直奔孤兒院，到了孤兒院，王小孩智商雖高，然道行甚淺，三問兩套的就讓老師發現是冒牌貨，於是給了五塊錢叫我打道回府。

王小孩一聲不響垂頭喪氣的背著小包袱從北投一路走回臺北，當時真有茫茫人海，何處是兒家的淒涼感。

從北投走回臺北時，臺北已是華燈初上了，當我走到現在新生戲院轉角的地方，那個時候是《新生報》報館，就走進去毛遂自薦希望找個排字工人的工作做做。

記者大人看我一臉饑餓相，給我叫來一碗牛肉麵，此時王小孩已是饑腸轆轆，那裡還顧得客套和禮貌，唏哩嘩啦就把一碗麵吃完了。

吃飽喝足了，面對記者「訪問」又是一派胡言亂語，而且還像大人物一樣讓記者先生用閃光燈給王小孩拍照留念。

無奈大人硬是比小孩聰明多多，招架不住旁敲側擊，王小孩又露了馬腳。於是《新生報》派了一輛吉普車，又派了兩位大人把王小孩夾在後面車座中間押往羅斯福路王府去了。

記者大人見了家父當然替王小孩說項一番，看在記者大人的份上，家父只是臉色凝重，沒有修理人。第二天《新生報》上就大大的寫了一篇〈頑童鑒〉，時在民國三十九年，為之轟動「全校」。

在臺灣，蹺家的孩子我不是第一個，但是在當時，臺北只有一家大報，在大報上留下大篇幅報導小朋友逃家的歷史鐵證，本人即使不考第一，也絕不會出前三名。

說到這兒，心裡頗有一點感慨，如果您已為人父，無論您有多忙，請每天抽出十分鐘跟您的子女自然而溫和地說一聲：「我好愛你（們），有什麼事需要我幫你解決嗎？你心裡有什麼話要跟爸爸談嗎？」讓孩子知道爸爸愛他們，願意幫助他們，讓孩子信賴您。

如果您這樣做了，我敢保證他成為不良少年的傾向是少之又少。

王少年退學記

話說民國三十九年王小孩自女師附小畢業以後，父母認定王小孩考不取臺北建國、師大附中等好學校，免得浪費報名費，於是就叫王小孩前往臺北縣立板橋中學報考（後來改為省立板橋中學），因為家父有一好友在板中任教，託長輩的福榜上有名了。

就這樣，王小孩每天早上從螢橋火車站（萬華到新店鐵路線現已拆除，改為汀州路），坐上那小火車到萬華再轉大火車到板橋。

一個小孩要是在家庭中沒有地位也不被父母看重，小孩自己也會瞧自己不起，一個自己都看不起自己的小孩，你想他會乖會努力讀書嗎？

考試作弊被開除，每日閒遊新公園

在校期間，若可提一提的光彩事蹟，只有第一學期王小孩代表板中參加臺北縣立中等學校演講比賽，不太費力的就得了冠軍。初二上學期又得冠軍，為校爭光記大功一次。

民國四十年夏天參加全國第一屆暑期軍中服務，在（天亮前後）一劇扮演小老頭，這是王少年真真正正面對成人觀眾參加舞臺劇演出的第一次。

到了初二上學期，跟同學搶皮球推了他一把，被他告到訓導處，記了一個小過，上課看閒書被訓導主任從窗外巡邏時逮到，又記一過，就是這些雞毛蒜皮的錯加起來已經兩大過了，最後期末考歷史作弊被老師逮到，於是湊夠了三大過，佈告欄裡當天就貼出：「查初二丙班學生王定和考試作弊，行為乖張，屢誡不改，自即日起除名，以儆效尤。」

這一下子王少年傻了眼了，趕快找當時在校唸高一的姐姐，姐姐帶著我找訓導主任董寶鏡先生問能不能用大功抵大過，留校查看不要開除？得到的竟是冷冷的回答：「佈告已經貼出來了，不能收回，功不能抵過。」那付冷漠的表情，雖事隔二十五年，王公子仍難忘懷。

王少年就樣被踢出了學校大門，王公子敢對天發誓，在校期間只是皮一點，寶一點，意見多一點而已，沒有做過一件像是偷、打群架、勒索、加入幫派、抽煙的事情，莫名其妙的就被學校開除了，連一點兒想學好的機會都沒了！

被學校開除以後，王少年那裡有種回家告訴父母！每天早上照樣起床，照樣上學，只是不坐火車上學就是了。天天背著書包到臺北新公園茫無目地的瞎逛，這裡走走那裡看看，整個博物館陳列的東西，王少年都快背下來了。

父親大人怒髮衝冠・澎防校受再教育

中國人說：「紙包不住火」，學期完了，只好硬著頭皮告訴父親大人自己被學校開除了，父親一氣之下把王少年送到澎湖馬公防衛司令部子弟學校（現在的員林實驗中學）。

當時與王少年同去的還有兩位少年，一位是張廣明，一位是裴大可，送我們三人去的是裴大可的長兄裴大民。三位少年在裴大哥護送之下，自臺北到了高雄，當晚上了光益輪（該輪後來在馬公附近海面觸礁沉沒）。船一出高雄港，風不平浪不靜，三位少年暈船吐的像三孫子一樣，第二天上了馬公的碼頭還頭暈轉向兩腿發軟。

三位少年一進學校大門，適逢下課。說時遲，那時快，就像三位明星人物蒞校一樣，一下子學生從教室衝出來站在兩旁看我們臺北來的三劍客走向辦公室。此時此景真使王少年終身難忘，因王少年活了十五寒暑還沒見過有這樣多人「歡迎」咱家的場面，真是好不威風！

澎防校從校長、老師、學生到伙夫幾乎是清一色山東人，因為這是山東八所流亡中學合在一起的學校。

教室就是寢室，教室沒有課桌，也沒有課椅，課桌是肥皂箱上面加一塊板子，課椅是各式木板釘的小板凳，教室兩面就是上下兩層的木板通舖。

在我們這一班裡，只有我們臺北來的三少年有褥子、被子、被單、枕頭和蚊帳。而穿車胎底皮鞋，剪短了的牛仔褲和花格子襯衫很「屌」的，只有王少年一人。臺北來的窮小子，在這裡居然被稱為少爺，難怪因為不合眾人之標準，而慘挨「修理」。

王、張、裴三少年當天被分發到初二班，當夜被一種紅色的蟲子咬得遍體鱗傷，第二天才知道這種蟲子叫臭蟲，日本人稱之為南京蟲。太損人了！

此時，王少年袋中尚有一些微薄銀兩，較之其他同學已是富有了，於是趕緊到藥房買BHC殺蟲劑灑在褥子四週防蟲進擊。

整個學校只有一口水井，大家就在井邊洗澡。於是一兩個月不洗澡是常事，不洗澡的結果是身上長虱子和疥瘡，王少年又多了一項知識。

談到伙食，一天兩餐，飯是用五十加侖截短了的汽油桶裝，菜是用破爛的單料鋁製洗臉盆裝，飯是粗粘米飯，菜是上午白菜煮蕃茄半盆，下午是黃豆半盆。八個人一桌，盛飯的時候多半不用飯板，要用碗直接去挖，誰吃的斯文誰就只吃一碗飯。營養？什麼營養啊？吃飽了肚子已經不錯了，還營養呢！

啼鶯初試無知音・再見拜拜寫信來

不曉得怎麼搞的，是王少年大腦裡少一根筋呢？還是有潛伏性痲瘋病？王少年的行為和言論老是不合乎傳統教人聽話的要求。雖然不聽話，可是生性樂觀，適應環境能力特強。因此，長輩不喜歡王少年，但王少年卻與同輩相處融洽。

有一天王少年心裡一樂即展歌喉娛樂同學，唱了一首「…妹坐馬上哥步行…」的歌，正唱到得意時，沒想到驚動了隔壁的訓導主任大人，訓導主任王矮子怒髮衝冠的跑進教室一把把王少年提到隔壁訓導處臭罵一頓，此時王少年深感自尊嚴重受創，於是不甘被辱也回嘴頂撞起來了。

現在在學校頂撞老師都吃不了兜著走，二十五年以前頂撞老師不槍斃已經算客氣了！於是一紙侮蔑師長罪大惡極的佈告又貼出來了，王少年再次被學校給踢了屁股。

王少年帶著半身疥瘡和一顆忐忑不安的心，又坐了光益輪，孤獨一人的從高雄坐火車回臺北了。

65歲才想通！

中國是禮儀之邦嗎？如果你說「是」，你真的被人治和專制的「權力教育」教的缺乏思考，你仔細想想：中國人的「禮」是「小」對「大」要有禮，兒女對父母要有禮，學生對老師要有禮。伙計對老闆要有禮。「大」對「小」不但不說「請，謝謝」這些禮貌字，只要不高興開口就罵，動手就打。「下」對「上」要有禮，科員對科長要有禮，科長對處長要有禮，處長對局長要有禮…逢年過節都是「下」給「上」送禮，「上」從來不給「下」任何禮。常言說：「現官不如現管」，只要他是「現管」你，你就得對他有禮。

我們之間沒有「大，小」、「上，下」和「管」的關係，因此我對你不會有「禮」，我對你有禮豈不是你「大」我「小」，你「上」我「下」。中國人對陌生人表現的是冷漠和無禮。

今天臺灣的政治人物開口閉口說：「我們是自由、民主、法治」的國家。如果「是」，在日常生活裡人與人之間會互相有禮，互相尊重，但事實是；

臺灣九二一大地震後，李登輝總統坐直昇機去災區視察，直昇機螺旋槳所發出的風力，刮倒了一顆樹，樹壓死了小孩，小孩的父母質問李總統，你看李總統對他們的霸道和無禮的口氣與態度。

再看立法委員質詢政府官員的語氣惡劣，態度粗野，甚至口出髒話辱罵官員。一國元首對人民的態度這麼霸道無禮，立法委員問政的態度這麼惡劣，這種社會絕對不是禮儀之邦！

共產黨統治中國五十年，五十年前北京人與人之間還客氣有禮，五十年後你去中國首都看看，你就會發現人與人之間就像火柴一樣，輕輕一碰就「著」，雙方不是粗言相向就是態度惡劣。那種社會也絕對不是禮儀之邦！

王少年因為被師長用話侮辱而反擊就犯了對長輩不敬，該死！中國人被長輩侮罵、摳打時得「逆來順受」，凡是不肯「逆來順受」的人其結果一定是悲劇！中國人的「上」對「下」只有威嚴，沒有仁慈！

賦閒家中作羹湯．感慨外行密老師

一回到家，敲開大門，母親先是一怔，繼之而來的是對王少年有數落不完的沒出息，父親倒比較溫和了，根本連甩都不甩，就當沒這個兒子。這種冷漠，較之打兩下罵幾句更能刺傷人的自尊心與自重感。讓王少年覺得自己是什麼東西！

王少年賦閒在家期中，不能白吃飯，於是天天買菜做飯倒也練得一身切菜功夫。

說到這兒，不禁感慨萬千，為什麼訓導主任要這樣教育我？這個問題一直到我政大教育系畢業，我才明白為什麼。因為他們是教育外行人，沒有受過教育專業化的訓練，一個沒有受過教育專業化訓練的人從事教育工作，就像沒有學過醫的密醫當臺大、仁愛醫院的醫生一樣。兩者最大的不同點是密醫要受取締，萬一醫死了人馬上要吃官司、坐牢、賠償。但密老師受保障，除了拿薪水以外還可以大大方方用話用行為來損學生自尊，美其名「我為你好」，為了表示他的權威，往往辱及學生的人格並刺傷學生的自重感，如果有學生因為自尊受損而反抗，他就立刻開除學生，造成社會問題不干他的事。堂而皇之的害人、害社會、害整個國家！這重密老師比密醫更可惡千百倍！（這個問題我在成文出版社出版的《為什麼中國人會這樣？外國人會那樣？》一書〈教育專業化〉一二九頁中說的很清楚了）。

除非我們的教育能夠成為專業教育——學教育的人辦教育，不是外行人搞教育，我才加入教育行列，否則寧可終身當一名丑角娛樂大眾。說一句不怕您笑的話，國立大學畢業，能寫書，能編中英文字典的丑角有幾個？

騎著鐵馬真拉風・怎奈父親不准騎

說話王少年天天待在家吃閒飯多浪費大米油鹽，於是父親大人把我送到臺北松山菸廠捲煙部當推煙盤的小工。

一個人，當他的自尊一而再，再而三的受創和被人侮蔑而又無力反抗的時候，就會產生一種自卑感造成的自大狂，穿奇裝異服，惹人矚目，言論乖謬而又行為失常。坦白講，任何一個部門的主管都容不下有這樣的下屬，但是看在與家父多年老友的份上，不好意思請王少年滾蛋，真使張汝杰張伯伯大大的頭痛一番。

民國四十二年，要是有一部腳踏車就很神氣，王少年當然也想弄一部騎騎，不過家父就是不准我騎。到今天我還弄不明白為什麼當時不准我騎，後來又准我弟弟騎？

有那麼一天，王少年那些混混朋友不知道從那裡弄來一部英國製海格利斯腳踏車，一百五十元賣給了王少年，王少年心中大悅，立刻付錢把車騎回家了。

這一回家不得了，父親大人龍心大怒，王少年嚇得只敢懦懦的說借來的，說時遲，那時快，父親巨大的巴掌落在王少年的臉上，頓時眼冒金星。在父親的命令下王少年只好把車給人「送回去」，王少年不得已推著車出了家門，當晚一路淚流滿面的騎著車到一位朋友家把車存在那裡，深感人生乏味。

王少年以為把車「還給」別人該沒事了吧？那裡想到父親大人的氣還沒消，回得家來又一頓臭罵。挨罵挨打，王少年已經習以為常無所謂了。當人對打罵感到無所謂時，就是犯法做奸犯科的前奏。因為，人沒有了自尊與榮譽感。

滾出家門意已堅・奮發圖強報國去

最不能使王少年不耿耿於懷的就是父親大人叫王少年滾出家門。王少年這一次是決心要滾出去了，一個十七歲不到的孩子，在民國四十三年二月工業沒起飛的時代裡，能滾到那裡去呢？

當時報上登了一條廣告是「海軍招考赴美接艦儲備人員」，王少年不聲不響的就到了基隆海軍三軍區報了名參加考試。考取後，母親雖一再苦口婆心勸阻，無奈王少年滾出家門意志已堅，就在四十三年三月二十二日，一大早自基隆乘慢車前往左營海軍士兵學校報到，這一滾就是七年零兩個月。

我的女兒也會惹我生氣，但我絕對不會說：「妳滾出去！」因為她從來沒有跟我簽合約說：「一定要生在我們家，不論我們怎麼對她，她都要孝順我們。」是我們夫妻「爽」，把她「爽來的」。因此，是我們對她負責，不是她對我們負責。從她生下來那一天開始，她母親就辭掉銀行的工作，專心在家帶她，我跟我女兒說：「我們對妳沒一點Sorry ！」

王青年當兵記

話說王少年進入海軍士兵學校以後，受了半年的入伍教育，在分科教育中學的是航海，學航海這一科，一方面是稟承家母不得學槍炮殺生的訓示；一方面在海軍艦艇上航海屬第三隊，在駕駛臺工作，有少爺兵之稱。

沒有敬何來禮．王小兵關禁閉

民國四十三年冬，海軍太平軍艦被共匪魚雷艇射出的魚雷擊沉，全國青年掀起太平艦復仇運動，海軍又注入一批生力軍，我們以在校學長的身份熱烈歡迎他們來受訓。

四十四年夏天自海軍士兵學校畢業，因在校成績鴉鴉烏，被分發到高雄十一號碼頭邊一條報癈的合字號登陸艇，艇名叫合城，官拜上等兵。

艇長少尉，為抗日十萬青年十萬軍留英接英國人送的八條艦艇回國軍官。雖身材不高，然制服穿的筆挺，頗有軍人氣概。王航海兵每值梯口更時，見艇長上船馬上立正敬禮以示尊敬。

艇副為准尉，是行伍升上來的軍官，鬍子不刮，制服邋遢，每每將船上的東西揩油一點回家，無論從那方面講都不大受王航海兵的尊敬。每次艇副上船，王航海兵只肯用一根指頭給艇副大人敬禮，艇副問話啦：「為什麼這樣敬禮？」王航海兵答曰：「沒有敬，何來禮。用一指敬禮已經很不錯啦！」艇副大人之自尊受創因而大怒，王航海兵立成禁閉室階下囚。

這是小事，想當年軍紀雷厲風行之時，高雄憲兵風紀小組對服裝不整，禮節不週之軍人立刻登記報原單位議處。

有一中校，後帶兩名憲兵同志巡邏，該中校肚皮挺出，穿趟水褲，趟水褲乃褲腳管在腳踝以上，頗無軍人氣概。王航海兵見之亦不敬禮，被帶回部隊審問：「吾乃國家之軍官，何以見官長不敬禮？」王航海兵答曰：「吾乃國家海軍之小兵，每月薪餉七十五元，吾身所著制服自微薄之薪餉中，向高雄旗后一老婦人手中買來之美軍制服修改而成（當時海軍發之冬季制服為氈，又厚又硬而易破，美國海軍制服為摩而登尼軟而挺），本兵之制服較之閣下更具軍人氣概，閣下雖官拜中校，然著如此制服實有辱自身。」王航海兵又以侮蔑長官之罪再度成禁閉室階下囚。

自民國四十三年三月入海軍到五十年五月退役，七年零兩個月中，凡有海軍基地之陸上禁閉及艦上有錨鏈艙和儲藏室當禁閉室用的，王航海兵皆曾蒞臨指導過。

王航海兵站在職業軍人的立場，雙腳以立正姿勢站好，向三軍官校畢業的軍官說句肺腑之言，「閣下既已身為中華民國軍官，請將軍服穿挺，並要求您的部屬亦將軍服穿挺，尤其是上街、宴會時的軍服要是穿的ㄆㄧㄚㄎㄎ，很難受人尊敬，至少很難受王航海兵的尊敬。」

人不如電話機值錢・當心維護注意調遣

在合字號登陸艇上待了半年後，被調上大船——德安軍艦，此時已升為下士官。在德安軍艦服役期間使我至今不忘的上司有欒班長，教我天文航海及各種航海儀和書表的使用法，不讓我空有士官的名義。航海官郭宜樑先生以人性之自尊待我，是故在郭航海官任內，王航海士不但工作努力，而且自愛，考績由丙等升為乙等。

王航海士每見軍用品上漆有：「本品價值新臺幣×××，來之不易，當心維護保養」的字樣時，心裡就有一股子說不出來的不自在，一個人竟不如一部電話機值錢！於是在海軍發的汗衫花瓶衣上也用大字寫上：「此人價值美金一元八角六分，來之不易，請當心維護調遣。」這種行為很能觸犯禁忌，引起上級人員的反感。

故英國首相邱吉爾先生在第二次世界大戰終了時說：「大英帝國海軍之沒落在於士官兵的陣亡。」由此可見士官，尤其是受過正統軍事訓練，具有專業知識與經驗的士官為軍中之骨幹，理應有職業軍人的待遇。

想考幹校學歷不夠・一怒之下做了逃兵

在德安軍艦待了兩年以後，被調到四明油輪，小廟裡的大和尚，進出港口有資格掌舵啦！

油輪很少開航，經常靠在高雄海軍碼頭，「卡」有多餘的時間，這時候王航海士不知道那一根筋不對了，開始唸起英文來了，課本是《泰勒生活》，每天早上起來唸，晚上背。有機會就到碼頭上找美國兵說話，也從美國兵那裡學來不少髒話，這些髒話王公子如今用起來不但發音準確，而且十分流利。

王航海士此時頗有心向學，可惜頭腦簡單，四肢發達。但是在那個時候，誰要說我頭腦簡單，我保證讓他瞭解我是多麼的四肢發達——揍他個鼻青臉腫！英文叫Make somebody black and blue.。

看！王航海士報紙也看的懂，英文又能哇啦兩句，好字眼兒會的少，髒話、俚語可是流利的很哪！這還不是有學問的人?!老給別人敬禮，心裡實在有點兒不大服氣。很想報名參加政工幹校影劇系，也想別人給本航海士敬敬禮。結果天不從人願，上級以沒有高中文憑為由，否定了王航海士的報告。王公子一怒之下，就在船到基隆時不告而別，軍中術語叫開小差，正式名詞叫逃兵。

王航海士逃離四明軍艦以後，四明艦即派航海官到王府通知家父，希望王航海士自動歸艦報到，家嚴一聽，這還得了，逃兵抓回去是要被槍斃的，不槍斃也要把屁股打爛，他老人家那裡知道那是很久以前軍隊用的刑罰了。

王航海士何等聰明過人，這時候躲在竹北姐姐家。父親特別來姐姐家告誡王公子，要王公子回船報到，被王公子拒絕。父親無奈，只不准王青年進家門。

校長幹架撿文憑‧媽了×老師吃學生

王青年為了進學校，到臺北幾所中學問能不能插高三，皆告以不能插高三。正在無奈時，遇以前老友陳般若，告以三育中學可以插班高三，於是經陳兄介紹就進了三育中學。

這所學校對別的學生來說是標準的誤人子弟，對我來說可真如魚得水。一個連初二、初三、高一、高二都沒唸過的學生，一下子就上了高三，豈有不樂之理?!雖然學校連續為我報了五次學籍都沒報准，但是最後真校長跟代校長發生糾紛，兩個人把沒合作共事前是好朋友，一合作共事就為利翻了臉的精神發揚的淋漓盡致。於是兩人幹架幹的學校關門大吉，王學生託福也撿了一張畢業證書。也高中畢業啦！有畢業證明書為憑，這還假的了嗎?!

在校期間，王學生因為「見多識廣」，有種發言而被同學選為班長，王學生也當班長啦！邪門兒！

畢業前，學校規定每人要繳五十元紀念冊費，全班六七十位同學也有三千多元，民國四十八年的三千多元錢不是小數目，結果這三千多元全給老師吃掉了。王班長問這頭老師，這頭老師推那條老師，問那條老師，那條老師又推別的事故，在推來推去中，大家已屆畢業時辰。畢業以後同學們各奔東西，也沒人問紀念冊的事了，算那幾條老師佔了便宜。現在想起來，還有媽了×的這種老師的感覺！

從經發落被判緩刑・因公受傷提前退伍

高中畢業以後，在美爾頓英文補習班正正經經的學了半年英文。民國四十九年春天，自己到左營海軍軍區軍法處報到，經檢具畢業證書及美爾頓補習班證明，證明本逃兵在逃亡期間並未胡作非為，請求從輕發落。承蒙軍法官原諒判處徒刑六個月緩刑兩年，一天牢都沒坐，就被艦隊指揮部派上了西江軍艦。

王航海士此時決定不想當兵了，要想退伍談何容易。王航海士官乃天生演員，於是演出苦肉計——當軍艦出港時，王航海士從駕駛臺身體平直摔向旗臺（無論如何沒種再摔一次），當時震撼五臟，幸虧仗恃年輕、身體壯，忍住沒有哼聲，從艦長到輔導官目睹此情，沒有一個人會認為這是裝的！

王航海士以「潛伏性癲癇病」於民國五十年五月十六日奉准退除役。退役後，至今再也沒有發作過癲癇。

40多年前的判決書

是用硬鋼針筆寫在一張蠟紙上再油印出來

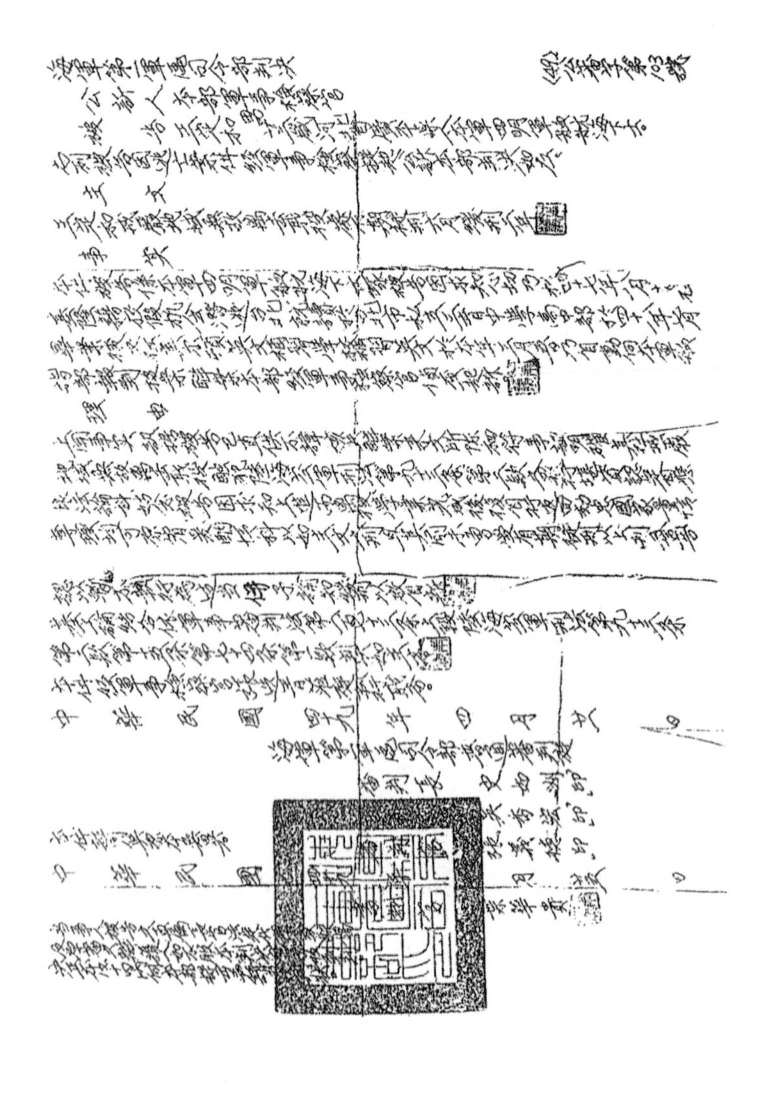

這張保存了40年以上的診斷證明紙都快碎了。

就憑這張診斷證明除役。

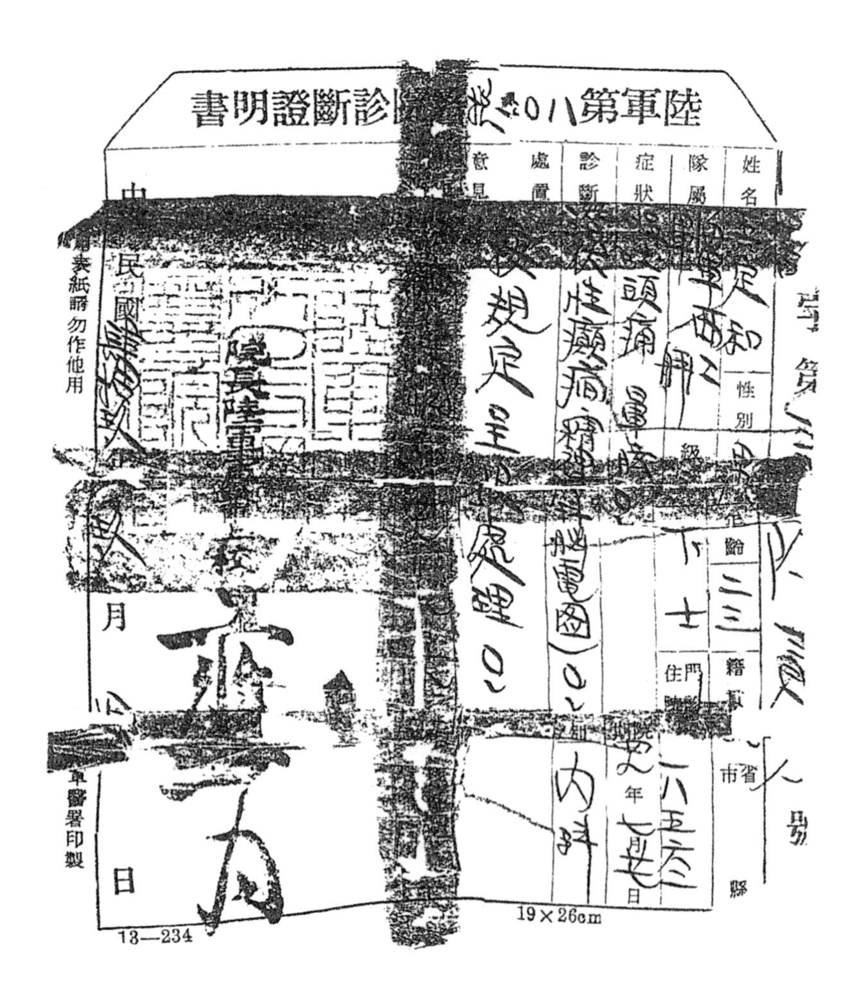
陸軍第八〇二醫院診斷證明書

姓名	隊屬	症狀	診斷	處置	意見
和		頭痛暈眩	性癲癇		規定呈請處理

性別 男　級 下士　年齡 二三　籍貫 省 市 縣　住址 內湖

中華民國 年 月 日

此表紙爲 勿作他用

軍醫署印製

13—234

19×26cm

王不才復學記

話說王海軍退役兵回到家來，父親大人見面第一句話就問：「你又逃了？」王小子馬上出示退役證明書表明身份。第二句話：「你想幹什麼？我們家不養閒人啊！」王小子回話：「很想考大學讀書。」第三句話大大的刺激了王青年：「你考大學?!要是你考得上大學，建國中學跟一女中畢業的學生不跳淡水河啦！」

王青年私下發誓一定要考取大學。天知道，發誓是一回事，實力又是一回事，一個不唸書的人要考取大學，豈不是痴人說夢話！但是，王青年是經過臺大醫院智力測驗，證明王青年IQ很高的。豈有「沒法度」的道理。

平日不唸書，方知考試辛苦

咱不唸書，可是咱老弟會唸呀，兄弟倆同父同母養的，長相不會差得太遠，於是弟弟「代」哥哥進了考場，如此這般就榜上有名進了政大新聞系。

一進政大，就代表新聞系參加全校演講比賽得了亞軍。又代表新生向學長致答謝詞，很出風頭。

俗語說：「要想人不知，除非己莫為」，別人告狀了。王小子被系主任王洪鈞教授叫到辦公室問話：「定和，你是代考進來的，是吧？」面對期中考試自己的筆跡和老弟代考的筆跡，賴也賴不掉，承認吧！

命好的人就會遇上人神共助，一來是政大主辦的聯考，不想往臉上抹灰；二來王洪鈞老師對王不才還印象不壞，於是經過商議，請王大學生自己打報告退學。

雖然王大學生認得不少中國字，但組合能力奇差，於是只好請徐剛夫兄（曾任臺視節目部副理）代寫報告，由王不才親送王老師辦公室。當時王老師胖胖的手握著王不才的手，沒有一點輕視，很慈祥和藹的對王不才說：「以你的聰明，相信你一定會回來。」

坦白講，王不才日後之所以能再考回政大，就是王老師的態度激勵了我。一個二十五年來被人看扁了的人，突然有一位有身份、有地位、有學養的長者很看得起他，他心裡感激之情非筆墨可以形容，於是王退學生立誓要回政大。

怎麼回？陳鐵輝（曾任紐約世界日報採訪主任）與盧治楚（曾任中視副總經理）兩位老弟陪我到重慶南路臺灣書店把聯考所要準備的書都買回來。面對有兩尺高的書，王公子哭出來了，長這麼大，砲彈見過不少，那裡看過這麼多書！幸好鐵輝、治楚跟漆自強三位老弟輪流來指導我，王不才雖未頭懸樑錐刺股，但是日以繼夜苦背、苦寫的情景（中外歷史、地理8本，我從第一個字背到最後一個字），想參加過聯考的人都能體會。

天下不如人意事十有八九，民國五十一年分大學和專科兩次招生，分數也提高不少，五十年政大中文系是三百三十三分，這一次因為是兩次招生，分數提高到三百四十六分。王不才考了個三百四十分，以第一名考取淡江文理學院外文系，這一回是憑真刀真槍攻進大學門兒的。

儘管他人側目·不改我行我素

在淡江唸書的一年中，出過一件大漏子：

五十一年十二月，和我同室租房子住的三年級學長那英奇，被學校工友給揍了。咦！欺侮老實人哪！王大學生立刻提了一根四稜棒上了山，找到那個小工友，小工友也不示弱，跑進總機室提了根行軍床的棍子等我。王大學生是見過場面的，一看就知道那小子拿法是外行，於是一頭衝進校長室捉住老小子就是一頓狠揍，把小工友揍得頭破血流躺在地上不能動，才下山回室。

當晚淡水警察局刑事組就到了學校，因為小工友傷勢嚴重，淡水醫院不敢收，送到臺北馬階醫院急救，淡水醫院方面向警方報了案。阿彌陀佛，天不絕我，幸蒙總教官張景義先生把責任擔起來，王小子才沒吃上刑事官司。

這是何等大事！大學部的學生幹這種事，在淡江還是頭一遭。學校要把家長請來，王不才只好把弟弟帶來冒充哥哥。弟弟當時在臺大化學系當助教，身高一八〇公分，斯斯文文頗有大哥之風。當著訓導長的面著實把「弟弟」教訓了一頓，兄弟一拉一唱倒也博得師長同情，以兩大過兩小過留校查看，並賠償受傷者醫藥及住院費，把事情穩住不再擴大。正是哥哥出漏子，弟弟賠錢。

弟弟跟我一塊兒下山，邊走邊說：「小哥，（我只比弟弟大一年八個月），你費了九牛二虎之力退役，又吃盡苦頭才唸了大學，要是你的脾氣不改，遲早有一天坐牢，所有的努力都前功盡棄。」老弟是有學問，這短短幾句話，改變了王公子整個人生觀，只要不把我逼死，我就是「斯文人」，欺侮我者他就碰上「流氓」。

在淡江唸完了上學期，下學期決心重考。於是又日以繼夜苦背，這回聯考王公子只填了政大文學院六個系，皇天不負苦心人，王公子考取了教育系，又回政大了。

王公子一見榜上有名，第一件事就是到王洪鈞老師家報告：「我又回來了。」第二件事就是向李光華先生報告：「我又回去了。」凡是退除役官兵考取大學，都可以到退除役官兵輔導委員會申請免學雜費，每個月還可以領二百七十元生活補助費。李光華先生正管此事，承蒙不予深究，並鼓勵再來過，李先生對王不才的寬恕，亦使王不才銘感五內。

俗語說：「人嘴兩張皮——怎麼說都行。」過去鄰居罵兒子：「你早晚跟王定和一樣！」現在罵兒子的語氣變了：「你怎麼不跟人家王定和學學！」忘了誰說的「大家只看成功的人」，王正牌大學生很能體會這句話的意思。

在教育系唸書的時候，同學都叫我「班寶」，因為王大學生上課頂老師，穿靴子又躺著上課，言行經常超出傳統社會所規定的框框以外，這樣的一個人，在保守的學生群中很能引起他們的側目而招他們討厭。好在王大學生生性樂觀，我行我素，成天跟新聞系三年級學長——老同學們在一起，也很樂！

空有學問滿腹・教授不切實務

王大學生唸書是唸書，就是不唸老師教的書——那種學生答老師的話，沒有自己的思想，沒有自己意見的書有什麼好唸的?!所以王大學生上了四年課向來不帶書本，每逢考試前半小時就從女同學手上借來筆記背五題，不論教授出什麼問題，王大學生都用這背好的五題應對，反正話都是教授說的，就這樣王大學生也過關畢業了。

說良心話，王公子上了四年大學只對兩位教授印象深刻，一位是法律系教「刑法分則」的陳樸生老師；一位是教育系教「變態心理學」的劉錫恭老師，兩位老師都是說話清楚，舉例明晰，絕不是照本唸，對自己所教的這門功課認識清楚，是有真本事值得學生尊敬。

演戲初出茅廬・辯論亦不服輸

雖然王大學生對課內聽講沒啥興趣，但對課外活動精神「卡大」。尤其是搞話劇社，真是搞的有聲有色。王公子敢說：「我們那個時期話劇社的演員真是陣容堅強，個個國語清楚，比起職業劇團絕不遜色。」社員中若沒有適合扮演某個角色的演員，我們就全校去找，丁鏗（已經在美國去世），余思宙（現任《中央日報》記者）等，就是在我們包圍說服之下參加話劇社演出的。當年為我們導戲的有蕭漁、蕭安人、田琛等先生及陳麗雲女士。為我們設計和搭舞臺的有黃樑（曾任臺視美工組）、萬傑（臺視演員）跟已去世的張亦飛先生。

大四那一年參加全國青年劇展，在「傳統」一劇中扮演太保一角而得最佳男主角金鼎獎，當時王大學生和曹健先生與結婚到美國去的唐琪女士同臺領獎。

學校為了慶祝二十週年校慶舉辦明理杯辯論比賽，王大學生是文學院主辯與法學院對抗，規定一點半開始比賽，訓導長兩點才來，主辦人兩點半才來，王大學生在學生主席致詞以後宣佈比賽時，站起來說話了：「規定一點半比賽，主辦人為什麼兩點半才來？你們是重視這件事呢？還是不重視這件事？再說，比賽規則第三條規定參加辯論比賽的代表應有兩名女生，法學院五位壯漢在座，顯然與規定不符，請解釋！」

主辦人賈凡先生說話了：「…關起門來好說話…」，王大學生也說了：「政大校歌第一句話就說政是管理眾人之事，我們是管理眾人之事的人，管理眾人之事的人還沒出校門兒呢！就先學關起門兒來說話，什麼叫關起門兒來說話?!」葉訓導長一看場面尷尬，馬上宣佈散會，明理杯辯論比賽就這樣不辯了，新聞系報紙大標題「明理杯會外賽」。諸如此類不知明哲保身的二百五事，王大學生不知道做了多少。

不願任人欺侮・畢業時就結婚

王公子不是叛逆，也不是為反抗什麼而出風頭，而是對不合理的事，尤其對不把人當人看的規定或是輕視人的存在，王公子立刻就會有一股衝動，而且不願意保持緘默任人欺侮！

到了三年級與同班同學李女士要好起來了，四年級兩個人就訂婚了，一畢業就結婚了。

家母企盼王學士住在家裡，以便向鄰里展示「吾家有子媳同住」。奈何王學士深深違反二十四孝，只向家母問：「如果您能指出我們家前後左右那一家是婆媳相處和諧的，我就回家住。」王學士自結婚起，就住外面——獨立自主。

當然！當然！貴府子女可不能學我！預祝您的子女都是王祥臥鯉，割股療飢再世。

王公子上班記

話說王公子大四那一年就有了職業，在虹霓廣告公司當AE；AE者，乃廣告公司派出之業務員與提供廣告的客戶連絡之人也。月入新臺幣八百元。

幹AE最能磨練一個人的生存適應能力和定力。當你碰上口嚼檳榔，腳穿拖鞋，褲子皮帶在肚臍下面，話都說不清楚的大亨時，他說什麼，AE就得照辦。專家說這樣做廣告有效，屁！他就是專家，他要那麼做！

碰上大爺有錢做廣告，你就得給我做，你要賺我錢，就得看大爺臉色，什麼？尊重人？×你娘！我大爺從小就沒被人尊重過，我還會尊重你呀！「爛蕉」啦！

對這些衣食父母，王大學生兼AE得低聲下氣滿臉陪笑打哈哈，為八百元差點兒把腰折斷了。

做了一年半廣告公司的AE，至今使我不忘的是鐵達時和東方霸王錶臺灣總代理達時貿易公司董事長曾成金先生和陳經理志賢，這兩位都是有風度且又善待跑腿的小AE，並為人正派。

中國人說：「閻王好見，小鬼難纏。」真是一點兒也不假，有不少（我說不少，沒說全部）大公司管廣告發行的人回扣照要。舞廳、酒家、還有更下作的地方，他們也照去，還要AE作陪，意思當然是AE付帳，當AE的不能有半點不樂意的表示。否則，你的廣告就飛了，飯碗也砸了。

這種經常在燈紅酒綠、美女如雲的場所進進出出的人，要是缺乏自恃力，是很容易墮落的。而那些盜用公款、監守自盜，或想盡辦法揩公家油，弄公家錢的人，王公子不敢說百分之百的人，是從這些地方學壞，但敢說百分之九十的人，他的良知是先從這些地方被腐蝕了以後，才做出犯罪跟後悔終身的事。

金歐代課・妖言惑眾

王公子讀了四年大學，多少也沾上一點兒書卷味，所以有鄰居在金歐女子商職教英文，因為生小孩而請王大學生代課，當時教的是夜間部。曾是臺視當家小旦之一的張俐敏小姐，就被王公子誤過。

王公子當時對小女生剪齊耳西瓜皮式的頭髮和白衣黑裙，那毫無青春氣息的制服頗有反感，曾對學生大發自己的理論：「如果我做訓導主任，每一個學生的髮式要按照她的臉型來剪。穿天藍色上衣，迷你裙，小白靴。把小女孩的青春活潑全表露出來。再來，我絕不當眾侮辱學生，也絕不開除學生，有話面對面談。要玩兒，我帶著你們玩，正大光明的開舞會，學習舞會中應有的社交和禮儀。不要把便衣放在書包裡，下了課找個冰店偷偷摸摸換上去跳舞…。」

王公子的這種論調，在當時很能使道貌岸然，只管表面行為——頭髮整齊，制服穿好的外行教育家大大吃驚了。所以王大學生只代了壹個月課，別人就不敢再讓我代了，怕我妖言惑眾。

多愁善感・真他媽的

前年，王公子看到臺北一所赫赫有名的省立女中儀隊來臺視參加國慶特別節目演出時，幾乎個個隊員在化妝室等錄影的空檔時間裡，手上拿著教科書在看，沒有一點小女孩應該有的天真活潑，那種靜靜的，眼睛透過眼鏡看書的神情，真使王公子心碎，王公子當時忍不住跑到廁所又哭出來了（真他媽的多愁善感）。是誰造的孽？讓天真可愛的小女孩變成這樣？是誰？心裡一連串的粗話不知道該罵那一個！

我們的學校每年造就出許許多多表面行為良好，實際與社會脫節的學生——缺乏組織、做事、分辨好壞和應變的能力，尤其嚴重的是缺乏責任感和對自己沒有自信心，心理上的困擾比表面行為良好更利害的學生。

王公子跪下來請主管教育的大人們發發慈悲，讓學生們少背點兒阿比西尼亞全年雨量多少，蘇東坡做了幾首詩文類的死書，教教年輕人怎樣有頭有尾的做一件事、解決一個問題；在接受了一個工作之後，怎麼樣盡責；在一個團體裡，怎麼樣與人相處、合作、接受領導，又如何當一個領導人去領導別人…這些訓練在將來入社會要比雞兔同籠和考一百分重要的多。

誤洋子弟・天絕定和

王公子吃了一年半廣告飯，就轉到中國國貨推廣中心，只做了四、五個月就又犯了悲劇個性，甩扒子不幹了。這時候剛好臺北語文學院考華語老師，王公子經過考試及格、訓練，正式教起華語誤洋人子弟了。

臺北語文學院的華語老師有專任和兼任，專任的老師有固定薪和課程，兼任老師教一堂算一堂，課多的時候累死，課少的時候又閒死，收入當然不固定，雖然很努力的教了一年還是兼任。心理上很缺乏安全感，又不知道自己能幹什麼？

這時候由於心理上的茫然，不知道自己該做什麼，而又不甘心只做一個唯唯諾諾聽話混生活的人，同時錢比太太賺的少，更刺激了王公子自卑感。於是王公子興起逃避現實的念頭——辦移民巴西，到巴西去闖江湖。

花了不少時間和精力辦好了護照，在家人極力反對，天又絕我——在搬家之夜，全家累的要死情況下，小偷進來偷走全部積蓄，巴西之行只好死了心了。

破口大罵・衙門老爺

王公子在無可奈何而又失業的情況下，與辜天佐先生在新生南路開辦中華語文學院，由於學生來源少，艱苦奮鬥了半年，遇上一點兒好運。有一位海軍老同學開了一家貿易公司，很有點成就了，請王公子去幫忙，王公子倒也幫了一點兒忙，也大大的幫了一次倒忙。

貿易公司有一種配額證還是什麼的，歸××局管，每三個月還是半年局裡派人來檢查一次。有一天老闆派我去××局（在國光戲院附近）查詢該證檢查日期還是什麼來著。王小民進得大衙門，鞠躬敬禮請問辦事人員，辦事人員一胖一瘦，態度之惡劣根本不把向政府繳納稅養他們的王小民當人看，語氣不耐而又官腔十足，兩人打官腔還不夠，科長也插上一腳，王小民雖站立一旁恭聽訓示；但終究是人，最後王小民那潛在的「獸性」超越了理智，開始指著對方破口大罵，「政府從大陸退守到臺灣就因為你們這些王八羔子！」真要拼命了！全辦公室男男女女十六七個人，包括官腔打得最有板有眼的科長在內，竟然每一個人都噤若寒蟬不出聲了。王小民認為耍官僚，而且喜歡打官腔侮辱別人自尊，抬高自己威風的人，就要有接受對方拳頭的種，沒有接受對方拳頭的種，最好說話有教養一點！

因為王小民恭立一旁，已經表示尊重他的地位與人格了，王小民不但個人向國家納稅，所服務的公司也有營業執照，向國家納的稅也不少。因此王小民有向政府官員查詢事項的權利，回小民的查詢乃是官員的義務，王小民沒有接受官腔和侮辱的義務！

不論任何人，只要接受薪酬從事一項工作，就不能怕煩，（怕做事，怕人問，怕煩就不要做大家的事，盡可回家當大爺。）這是一個人所應具備最起碼的職業道德；但是他們三人對王小民態度惡劣，語氣不耐而又官腔十足，這表示他們不需要王小民尊重他們，那王小民就得罪了！

王小民回到公司氣還沒有消，當即向老闆一五一十述說經過，老闆聽完，叫我消消氣，並告訴我他會處理這件事。

三天以後，老闆找了個機會跟我說：「定和，事情能辦就辦，不能辦不要勉強去辦，給人砸鍋添人麻煩的事更不能做。我請你來是為我解決問題的，如今你不但沒把問題解決，反而給我添了更大的問題，換你是我，你怎麼想？」這一席話使王公子記憶深刻，王公子永遠記得。

有一天，王公子在公司上班，接到臺視一劇務打來電話叫王公子參加（我愛羅蘭）電視劇集演出，劇名叫（三撞姻緣），當時與丁強先生演對手戲。自此以後，又參加國防部藝工總隊每週一次的「三軍俱樂部」的〔壯士行〕演出和常在高前先生製作的週三國語電視中演出，就這樣闖進了電視圈。

有志愛國‧不被接受

王公子一邊上班一邊教華語，在中華語文班教了一位澳洲學生叫伯樂馬，服務於澳洲國家廣播公司。有一天他告訴我澳廣要在臺灣請一位記者兼播音員，在下承蒙中廣朋友幫忙，錄了一卷相當漂亮的錄音帶，再加上伯先生推薦一番，王公子就名正言順的成了澳洲國家廣播公司駐臺代表了。

此時，澳洲與我們有邦交，大使館設在敦化南路安樂大廈八樓，領事跟王公子學國語，等王公子正式接到澳廣聘書，王公子那份愛國狂又來了，心想：「借澳廣電臺海外部強大的國粵語電波為自己國家做一份宣傳多好！」唉，王公子心想有屁用，沒有人甩！王公子連續碰了幾次大衙門的釘子以後也學乖了。於是王公子反躬自省：「國家是你王某人一個人的嗎？人家不甩你，你一定要甩人家嗎？」從此以後，王澳廣代表專做娛樂、家庭和醫藥衛生的節目。

一年後，房東把房子收回去改建高樓，學校搬到士林中正路去了，王公子不能跟著跑那麼遠，於是轉到師大國語中心去教華語。

在師大國語中心教書期間出版了兩本書，一本是《中國俚語》；一本是《West Meets East: Life Among Chinese》。於由天天和老美在一起，從他們那裡學到做事、禮儀和是非、對錯的觀念。老美確實有很多可愛之處，並不是有些人傳說的那麼幼稚、那麼笨。

等王公子瞭解了美國人以後，就在《實業世界》執筆寫《認識美國人——如何賺老美的錢》的專欄，同時把《為什麼中國人會這樣》一文投稿到《大學雜誌》，這篇文章被主編壓了一年不敢發表，王公子一時衝動，自己拿去排版印刷成書交由《大學雜誌》發行以後，才由《大學雜誌》轉載。

「為什麼中國人會這樣？」是這麼說的；

這篇文章是我34歲（1971）寫的，今天（2006）讀一讀仍覺得中國人還是這樣！

為甚麼中國人會這樣？

春秋時代是中國思想上的黃金時代。在那時，有道家、墨家、法家、陰陽家等九流十家。你可以相信任何人的說法，也可以自創一家開門授徒。這個時期中國人的思想是非常自由的。所以是中國人思想上的黃金時代。

到了秦滅六國統一了中國之後，秦始皇認為讀書人有了知識，加上自由的思想，經常批評政府，對於皇權是一種威脅。於是焚書坑儒，所留下的書只限於醫學跟法律。人民也不准再讀書識字，講學更是禁止了。任何人只要敢批評政府就從嚴懲處。這是中國歷史上封閉人民思想的開始。

楚漢相爭，漢敗楚亡秦後，劉邦建國為漢。到了漢武帝，他的宰相董仲舒，我敢斷言他是為個人的利益才向漢武帝建議「罷黜百家，獨尊儒術」，讓人民的思想定於一。依當時的情形來看，我想他的說詞大概是這樣的（當然沒有歷史的依據，只是我個人的想法）：「啟稟皇上，天下已定，惟人民之思想太多，恐對皇權是一種威脅。以臣之見，人民之思想應定於一。而儒家思想與皇權相合，此實因儒家思想提倡『天地君親師』之故。天跟地是抽象的，君當然最大，親在家最大，師在校亦最大，凡違此規範者，必重罰，這樣一定可以世世代代為王。」這一建議被漢武帝採納。於是下達「罷黜百家，獨尊儒術」的命令時，中國人的思想就正式封閉了。為什麼我說中國人的思想正式被封閉了呢？各位可以想想，一個國家的人民只准許有一種思想，就好像一池子水一樣，開始的時候清新，久了一定變成一池子臭水。再說，我們是人，人有自己的思想，也有自己的做法，為了要把大家的思想定於一，假如不用法家的辦法來治，那麼，怎麼能叫人的思想定於一？當大家的思想都被定於一的時候，不是思想封閉是什麼？依我看思想定於一就是單軌火車，誰大誰就對，誰大誰就得聽誰的，誰大誰就有權力，甚至於誰大誰就可以亂來。因此動不動就來個「思想有問題」，「思想不純正」，「腦後有反骨」，藉各種理由把反對自己的人幹掉！保護自己既得的權勢。久而久之大家的「思想純正了」，「思想沒有問題了」，變成大家服從；在朝服從皇帝，在家服從父親，在校服從老師，不論在什麼地方，都要服從地位最大的那個人，不准有自己的意見，更不准有反抗的行為。即使是一個最沒有道理的人，只要他的位子高，他說的話就得聽從，否則，常常遭到很殘酷的處罰。但是我們是人，人人都有被人尊重的慾望，被稱許的慾望，被賞識而表現自己的慾望，但是在這麼多服從壓力之下，從小就沒有說話的自由，沒有發表意見的自由，沒有自我主張的自由，沒有「不聽話」的自由，把人生而就有的慾望，扼殺淨盡。所以不少的人，一旦當了管人的人，一種潛意識造成的念頭馬上形諸於外的就是：我是管你們的人，你們都得聽我的！都得向我請示！都得以我馬首是瞻！都得聽我的話怎麼做！被管的人呢？既不被重視，又沒有權力，既不能決定事，又不能違抗上級交辦的事，為了生活，混一天算一天。這種情形使上下變得虛偽、不負責任、做表面工作、投機取巧。這種現象造成整個社會的脫節。辦一件事，好像難的不得了，又好像繁的不得了。

我說這些話不是沒有根據的，因為一個國家或是一個團體裡，只要有一個人，他的權力大於一切，如果這個人有氣度，能夠知人善使．這個國家或這個團體才會有有才能的人出現。如果這個集大權於一身的人不怎麼樣，那麼這個國家或這個團體將出現小人當道、君子退隱的局面。一旦到了這個境地，則這個國家或團體的前途就可以看得很清楚了。這種情形在我們的歷史上，真是履見不鮮。在皇帝說來，是一國之君，是天下，是龍種，當然要受萬人敬仰。因此皇帝權力之大，享受之隆，隨他的高興與否，可以使人忽然富貴，也可以使人突然喪命。所以中國以前的官場上說：「伴君如伴虎。」在這種情形下，做官的人自然而然的產生一種「明哲保身」的觀念——跟皇帝說話要儘量小心，避免惹他生氣，以致對自己不利，遇事要請示，皇帝准了再做，如果做錯了，是皇帝自己批准的，他當然不會懲罰自己，於是形成推卸責任最好的辦法就是層層請示，凡事自己都不做主張。因此，一份公文經常幾個月批不下來，這叫做「公文旅行」。此類爛帳自晚清算至北洋軍閥為最烈，至今仍影響我們的行政。所以在京城裡做事的人，一切要聽皇帝的聖旨。皇帝怎麼說，大家就怎麼做，由於事不關己，個人又沒有參加意見的餘地，不管對錯，都得去辦，忽視個人自我存在的價值，因為否定自我存在的價值，所以執行命令的人不會認真，往往是皇帝的命令是一回事，辦的人又是一回事。以致形成陽奉陰違，敷衍塞責的現象。

再說中國的官，中國的官實在比外國的官偉大的多。中國的官是人民的父母，（即使是警察也是人民的褓母，要作人民的君，作人民的親，作人民的師。）比如說一縣的縣長叫「地方父母官」。集行政、司法、財務等大權於一身。人民見了縣長得跪在地上，口稱「小民如何如何」。官出門的時候，就要有人在前面敲鑼開道，所有的人民都得肅靜、迴避。官愈大，所坐的轎子愈大，抬嬌的人也愈多。官說的話就是法令，人民是不敢反抗的。尤其是在司法審判上，只要縣官認為你的話沒有道理，就可以下令叫衙役把你的屁股打爛！往往造成「屈打成招」的冤獄。如敢反抗，官就可以把各種罪名加在反抗者的頭上。從「好大膽！膽敢頂撞本縣官」這句話上，你就可以想像得到，連反駁一下都是「好大膽！」更別說其他的反抗了，那還得了啊！做官的人不但受皇帝的俸祿，也有權叫所管轄的人繳糧納稅。生活上的享受是既富且貴。如果心術不正，還可以藉權勢斂財，所以中國人有「升官發財」與「官官相護」的觀念，沒有「服務發財」或是「官對民服務」的觀念。因此，大多數的人，只要從事「管理公務」的職務，或有權管你的職務，就會自然而然的有一種「官」的優越感，對於前來辦事的人，經常給予一種「官」的臉孔或是「官」的聲音。最能造成人民對政府發生反感、對政府提倡的事不感興趣，甚至對政府怨恨、抱怨的莫過於「官」的臉孔和「官」的聲音，以及只做「官」不做事的官。

再說「親」，「親」是指父親而言。不要說以前了，幾十年以前，中國的女人在家庭、在社會都是沒有地位的。絕大多數的女人是文盲，這叫做女子無才便是德；丈夫死了，在家裡要聽長子主事。這叫做夫死從子；年輕女人死了丈夫，她得守一輩子寡，這叫做貞節。總而言之，女人在中國人家庭裡的地位是很低微。所以說到「親」的時候，自然而然的是指父親而言。父親就是家裡的皇帝。父親的話就是命令。而且是絕對的對。母親及子女必須服從。子女敢反抗父親的意思，輕則挨頓狠揍，重了父親可以叫子女去死而不犯法。所以做兒女的在家中毫無自己的意見可言，更不要說發表自己的意見了，那還了得啊！就是自己的婚事，都得聽父親的安排。父親說娶誰，兒子就得娶誰。父親叫女兒嫁給誰，女兒就得嫁給誰。即使是結了婚以後，還得受父親的控制，遵從父親的指示。只要父親在，兒子就不得有自己的意見。否則，「你長大了，翅膀硬了是吧！敢頂撞起老子來了！」說一些使人聽了難過的話。所以做子女的事事都得請示父親，這就是所謂的「孝順兒子」。要是不聽父母的話，敢於違背父親的意思，實行自己的主張，這種人做的再好，也是「逆子」。逆子在家庭、在地方上都是不能立足的。許許多多這種從小在雙親「保護」、「安排」之下長大的人，就像是被人養大的獅子和老虎一樣，失去了生存競爭的能力。既缺乏獨立自主，解決困難的性格，又缺乏面對現實，勇於奮鬥的精神。甚至連面對現實的勇氣都沒有。前者遇事退縮，不敢承擔，後者因循苟且，得過且過。這是輕的病，在傳統必須服從的巨大壓力之下，絕大多數的中國人從小就沒有受到應有的「尊重」，所以缺乏自重感。長大了以後，有自卑感造成的「自尊感」，所以執行命令又有權力的人，會罵人的人多，會鼓勵人的人少。這是因為一個人從小沒有受到過父母的尊重，長大了以後，又怎麼會瞭解去尊重別人？從小就沒有「權利」表現自己，長大了又焉知道什麼叫做「義務」？因此造成有權力的人，不一定盡義務，有義務的人，卻沒有權力的現象。我想中國人對權力兩個字非常熱衷，而且為爭取權力不遺餘力的精神，恐怕就是基於「權力」大於一切的觀念。只要有權就能管人，只要能管人就得聽我的。聽我支配的人愈多，我就愈重要。只有重要的人享有權力，不盡義務。重要的人才有特權。重要的人才有面子。因而大家爭取權力，這才是重病呢？

再說「師」，師就是老師。老師有兩種：一種是經師，就是教你讀書寫字的老師。一種是人師，教你怎樣做一個周周正正的人。不管是那一種師，都有權力「教訓，教訓」你！這種教訓包括大聲訓斥和拳打腳踢。做學生的人就得乖乖的接受這種教訓。否則就是不接受教誨，不接受「我是為你好」的頑劣學生。因此，做學生的人只能聽老師說什麼，自己不能反問，更不可以跟老師辯論。若是敢頂撞老師，那真是罪大惡極！這種情形至今仍影響中國的教育。在這種「天地君親師」的思想下所培養出來的思想，就是服從，不計理由的服從；子女服從父母，學生服從老師，人民服從官史，部下服從主管，做官的服從皇帝等等，小服從大，在這種服從的壓力之下，即便是在絕對可以自我表現的情況下，大多數的中國人還是沉默不語，或是推來推去，這種情形在開會的時候尤其明顯。

到了隋朝，隋煬帝想出了開科取出的辦法。就是叫全中國的讀書人在地方上考，考出了頭再到縣裡去考，縣裡考出了頭到府裡去考，府裡考出了頭到京師裡去考，京師裡考出了頭就是狀元。狀元是極大的榮耀，可以在京師做官，也可以在外地裡做官。如果說一個讀書人是為忠心愛國，為國為民而讀書考狀元，我們沒有話講。可是有幾個讀書人，讀書的目的是為國為民才考狀元的？我敢說少之又少，因為俗語說：「十年寒窗無人知，一旦成名天下聞。」又說：「書中自有顏如玉，書中自有黃金屋。」於是形成了：「萬般皆下品，惟有讀書高」的思想。這種思想就是要做官嘛！請你想一想，一個讀書的人，用十年的時間來研墨，練習用毛筆寫文章，這樣的人會有眼光、有氣魄、有衝勁、敢說敢做、敢當敢為嗎？這樣的讀書人，心裡知道什麼是理想嗎？什麼是抱負嗎？什麼是服務人群嗎？根據心理學的研究，這種為「書中自有顏如玉，書中自有黃金屋」而讀書的人，往往成為一個只往裡看不往外看的固執人。就算是考取了狀元，也只是為「榮宗耀祖」，為「一旦成名天下聞」的觀念所左右。就算是當了官，也是為當官而當官。所以我敢說，絕大多數這種讀書人的腦袋裡缺乏管理、領導，以及與他人合作的才能與觀念。這種讀書人當了官以後，也缺乏臨機應變的能力。因為他除了會讀書以外，沒有做事的經驗，那裡能處理問題？因此，自古以來中國的官只享受它的權力，那有什麼義務可盡？

隋煬帝開科取士以後，留給我們最大的害處是（這是我個人的看法）：讀書人窮一生的時光讀書、寫字想考狀元好當官。所以父母天天叫孩子讀書寫字。一個人從小就讀書寫字，也許是書讀的太多，所以老是對別人的說法不服氣，甚至嗤之以鼻。也許是書讀通了，所以罵起人來或批評起來頭頭是道，如果叫他來做，他又會眼高手低，說不定給你來句：「這種事我才不做呢？」也許是讀書把大腦讀的很發達，身體退化了，所以對勞體力的事，不屑一顧，特別以手不能提籃，肩不能擔擔，閒來無事下下棋，寫寫對聯，吟吟詩為高雅之士，造成很了不起的士丈夫階級。誰要是動手發明去做點什麼，在士大夫的眼中充其量他只是一個匠，因為「玩物足以喪志」！大家都不願意玩物喪志，所以鴉片戰爭叫英國人打的鼻青臉腫，從此淪為世界各「玩物喪志」的先進國的次殖民地好幾十年。總而言之，只要我們的士大夫思想存在一天，我們國家向前邁進一步，受人尊重的日子就會遲一天來臨。

說到這裡，我特別要說明一下，就是儒家思想並沒有錯。儒家思想在春秋戰國的時候，只是眾多思想中的一種思想。孔夫子絕不會想到他的思想會被漢武帝重用。因此有人責備或辱罵孔夫子是不應該的。你認為是不是呢？因為孔夫子所主張的「天地君親師」全是雙線進行的，是君君 — 臣臣，父父 — 子子，夫夫 — 妻妻，這是基於人性及心理因素。如果君不君，那麼臣就不臣。父不父，子就不子。夫不夫，妻就不妻。但是後來有權勢的人硬是把人造成君不君，臣亦得臣。父不父，子亦得子，夫不夫，妻亦得妻的局面。天下最不講人性的事，莫過於此。這種情勢是怎麼樣造成的呢？我個人的想法是這樣的：從漢武帝罷黜百家，獨尊儒術以來，一直到清朝被推翻差不多有兩千多年。在這兩千多年中，中國一直是一個以農立國的國家，大多數的人務農為生，因此文盲在中國佔很高的比率。加上交通不便，出門旅行困難重重，以致絕大多數的人生於此地，死於此地，終身所見都是這個地方。是故絕大多數的人缺乏知識，知識落後的結果當然產生愚昧、迷信、忌諱的事特別多，墨守成規不知改進，骯髒等等不良的習慣。既然大多數的人知識不發達，這些人在思想上也單純的多。領導人只要用一點權力就能使這些人就範跟著走。但是少數讀書人，因為讀了書而有思想，因為有了思想才批評皇權的對錯，這些人才是皇權所擔心的人。因此在歷史上因為思想上跟皇帝不一致，以致遭殘害或殘殺的人真是不計其數。最後中國人的思想終於像野馬被趕入馬圈一樣，屈服於皇帝所規定的儒家思想範圍之內——從小就得服從，而且是不計理由的服從！

皇帝所規定的儒家思想對我們的影響究竟有多大？我個人的看法是：

一、皇帝的權力大於一切。如果能得到皇帝的寵信，那麼權力、富貴不是都有了嗎？因此爭取皇帝寵信的人大有人在。而這些人都是離皇帝很近的人，皇后跟三宮、六院、七十二妃爭。三宮、六院、七十二妃之間互爭。宦官跟宦官爭。大臣跟大臣爭。外戚跟外戚爭。這些人中，有一個爭到了皇帝的寵信，那麼自然而然的就有人投靠他。於是立刻形成一個圈子來跟別的圈子爭權鬥智，為的是要保護從皇帝那裡得來的寵信。這個圈子裡為首的人，當然是皇帝寵信的人，而想要當官的人．又得有人向皇帝推薦。而這些受皇帝寵信的人，當然是最好的推薦人。那麼，想要當官的人就得跟這些皇帝的寵妃、寵宦、寵臣、寵戚拉關係、送禮、拍馬屁，甚至做出違反人格與人性的事，來得到這些人的賞識，好向皇帝推薦自己當官。被推薦的人，一旦當了官，自然得聽命於推薦人。推薦人叫他做什麼，他就得做什麼。否則，他的官位就保不住，形成主子關係。這種情形乃是中國人講人情、拉關係、走門路、貪污，只知爭權，不知實做的濫觴。

二、皇帝是人，是人就有表現自己的慾望。更渴望受到別人的讚賞與尊崇，因此皇帝用人當然是要用符合自己意思的人。最能符合自己而又能跟自己合作的人，當然是自己所熟知的人、或兄弟，或同學，或朋友，或同鄉，或介紹等等。中國人有一句話說：「一人得道，雞犬升天。」有才能而沒有關係的人，就不必談啦！所以在中國「關係」是非常重要的事。因為關係是這麼的重要，所以大家說話做事都特別小心。萬一得罪了「有關係」的人，恐怕會有非常不良的後果。基於這個原因中國人說話轉彎抹角，做事避重就輕，不行的想辦法叫他行。這種惡習累積的結果，是情面也跟著重要起來了。有「關係」就有情面，有情面就不好意思不做。所以「託人關照一下」成為辦事不可缺少的程序。破壞整個制度的莫過於情面。為了關係，為了情面，就不願意得罪人。不願意得罪人的結果是大家馬馬虎虎啦！大家馬馬虎虎的結果是整個國家遭到別人的譏評與輕視！

三、由於咱們從小就要服從，要服從就沒有「平等」兩個字的真實行動。不但人格上沒有平等，就是人與人之間應該有的平等也沒有。這是君權大，父權大，師權大的結果。因此，凡是在高位或做官的人，都受人尊敬。不但受人尊敬，好像人格都比別人高一等。所以我們見了長輩要必恭必敬接受「教訓」。見了上司得必恭必敬接受「訓示」。不管他們說的是對還是錯，只好聽著，不要發表意見。所以我們從小聽父母的話，在學校聽老師的話，到了社會聽上司、聽老闆的話。這樣的人，才是公認的乖孩子、好學生、好部下。如果有自己的意見，有自己的主張，敢跟父母據理力爭，敢跟老師據理力辯，敢跟上司說理。我敢說，這樣的人在我們的社會裡非投河就上吊。因為這樣的人在家是逆子；在學校是不聽教誨的問題學生，是要被記過或開除的。在機關做事是不聽令的部下，有被踢屁股的可能。因此，從小就沒有人要聽聽我們要說什麼？因為除了服從以外，我們沒有資格說什麼！由於長時期的抑制自我，長時期在沒有自我人格發展的情形下，絕大多數的中國人缺乏獨立自主的精神（留美學生大家住在一起，說中國話、吃中國飯、不大與外界接觸就是最好的例子。）遇事退縮、拿不定主意、怕麻煩、不要負責。這還是好的，最糟糕的是多數人都不知道自尊。因為從小就沒人尊重他，他長大了又焉知道尊重別人！一個缺乏自尊、尊人的人，對於權利義務的觀念也清楚不到那裡去！權利義務都弄不清楚，又怎麼能辨是非？以及公私分的清楚！因此，我們所表現出來的，每每都使外國人覺得不可思議。

四、在傳統讀書、寫字，考狀元好做官的教育壓力下，我們中國父母對孩子讀書、寫字、考學校看得比什麼都重要。對於孩子來說，沒有人問他願意不願意讀書？沒有人告訴他讀書的目的是什麼？沒有人教他什麼是責任？什麼是禮貌？要他做到的是讀書，考好學校。在這種壓力之下，孩子真是可憐，讀書又讀書；考學校再考學校。父母督促孩子讀書是為孩子考上好學校。老師督促孩子讀書是提高升學率，以考取學校的百分比為榮。多少人為讀書而放棄運動，放棄娛樂，放棄自己所喜歡的事。這種一直處在讀書狀態的學生，心境上是不會開朗的。因此，在心理上往往造成一種頗不平衡的心理。那就是常常不自覺的去挑剔別人的毛病，譏笑別人，甚至否定別人以得到自我表現的滿足。缺乏容人的氣度，沒有與人合作的雅量。於是各做各的，各自力求表現，讓上級覺得「我」不錯。這種觀念的表現是：好像大家都在做事，好像大家都不在做事。好像大家都在負責，好像大家都不在負責。偏偏這些「果」叫外國人看到了，又沒人肯對他們解釋，也難怪他們覺得中國人真是不可思議啦！

現在我們天天講革新，我想革新的意思並不是一、兩個人要革新，然後大家跟著嚷嚷成為一種口號，或是成為一頂大帽子，隨時隨地搬出來唬人，請願用。革新的意思以我個人看應該是全國國民瞭解我們的病源，進而大家想想，然後面對現實去做。要怎麼做才是革新呢？以我個人的看法，那就是：今天社會的型態和過去社會的組織已經大不相同了。由於科學的進步，大眾傳播工具的發達，教育的普及，智識的發達，在在都跟四十年以前的青年人不一樣，也不可同日而語。如果仍以三、四十年以前的教育方式來對待現在的年輕人，那是不公平的。指責、懲罰這一代青年人的所做所為就更不公平了。孔子不是也說過嘛「不教而誅之」是不對的。所以對於有知識的青年人指責、高壓，強其接受思想是不能使他就範的。因此，我個人認為，做父母的人應該改變一下自己的觀念，接受社會向前進步的事實，以及承認子女的思想、做法或是他的意願或主張已經不再受到父母的控制。父母應該聽聽孩子說什麼，尊重他的意見。站在長輩的立場給與指導，給與尊重，發展孩子獨立自主的人格。讓他們知道什麼是權利？什麼是義務？讓他知道有權利的人就要盡義務。比如說，子女在家吃住，向父母要零用錢是他的權利。那麼保持家庭清潔，甚至做飯、洗碗就是他們的義務。人有了權利義務的觀念，才有負責服務的行動。能負責服務的人，當知道是非、對錯。如果我們仍然用上一代對我們這一代的教法，我們的子女將會因為沒有自我表現的機會而逃避現實。對於國家、社會或團體的事仍然不感興趣。即使成為社會團體的一份子時，他也不會為這個團體或社會盡一己之力。多數人對國家的事不盡力，國家的光采何在？多數的人不知為所服務的團體盡責，這個團體的發展與生存靠誰？多數的人有「管他的，公司跨了是老闆的」這種念頭，那麼國家跨了以後又是誰的呢？

諸位青年朋友，我們不要責怪上一代對我們不公，我們也不要怨恨我們的社會不好。因為上一代沒有錯，他們也是傳統思想下的被影響者。真正有錯的人已經作古幾千年了。那麼，為什麼不從我們這一代開始來改正我們的觀念呢？我們改正我們的觀念來教導、影響我們的下一代，好讓我們的下一代抬頭挺胸，做一個堂堂正正的中國人，讓外國人不敢有一句輕言輕語出口，做到這一步，我想應該是我們這一代青年人的責任，你說是不是？

民國六十一年，寫了這篇〈為什麼中國人會這樣？〉原稿拿給同事張國雄先生（現在灣區San Mateo）看，張先生看完第一個反應是「這種文章誰敢登？」我送到《大學雜誌》，當時《大學雜誌》的主編好像是張俊宏先生，整整把我這篇稿子壓了一年。

這書的封面 — 「為什麼中國人會這樣」九個字，是臺視美工設計林保勇先生（現住洛杉磯）寫的，我把稿子拿回來自己出錢找貴陽街大偉打字印刷公司印，作者和出版者都是王定和，《大學》才轉載。大四那年，我到臺北市漢口街虹霓廣告公司做AE，隔壁就是出版社，專門出版柏楊的著作，每一本我都買來讀，不但讀還要批註自己的意見。因此我的思想受柏楊先先大作的影響很深。政大畢業以後到臺北語文學院教美國人說國語的時候，美國人會問起「為什麼中國人會這樣？」的問題，所有的老師都沒有辦法回答這個問題。因此我就思索這個問題，終於被我想通了。

演員管理・上當學乖

民國六十年七月一日臺視節目部成立企劃組，承蒙組長唐賢鳳先生提攜和黃以功先生同時進企劃組擔任演員管理的職務。

王公子認為演員管理乃是資方聘請為勞方與資方連絡，站在勞方立場跟資方說話的人，於是傻裡傻氣的自作主張對所有演藝人員發出一份通知，問他們有什麼意見要王管理傳達的。

等回信一來，就引起一場風波，幸好唐組長為王管理擔代一切，由王管理保證以後不發生這樣的事，才算平息一場小風波。

俗語說：「吃一次虧，上一次當，學一次乖」，這是對唸書不多識字有限的人說的，對王公子這樣英明過度的唸書人來說，經過一次教訓，立刻就能舉一反八。

王管理馬上瞭解，演員管理這個位子是資方聘來做擋箭牌用的，既沒權管，也沒權理，芝麻大的事既不能說可以，也不能說不行。演藝人員的大小問題，王管理都得寫簽呈層層請示。寫簽呈王公子是拜過師父的人，這是一門大學問。如今王公子寫簽呈不敢說是專家，但距專家也不遠矣。

65歲想通了，中國的「官」要在其位，不謀其政，當然也不負其責，簽上去；

20多年前臺灣電視公司攝影棚起火，節目部導播組場務李明先生奮勇把火撲滅，不但沒有記功嘉獎，反而被記大過一次，那時他應該一看攝影棚起火就回到自己位子拿出公文紙把簽呈寫好，由「老大」定奪，李明先生自作主張救火，倒霉了！他應該這麼簽：

簽 呈

中華民國？年？月？日
於節目部

一、竊職發現第一攝影棚佈景處起火。
二、用本公司CO2滅火器滅火抑或請消防隊來救火？
三、究應如何處理（這是最重要的一句不負責任的話）
　簽請
核示（要不要救火？要怎麼救法？我做場務的不能負任何責任，由你老大做最後定奪。）
謹呈

組長 趙
副理 錢
經理 孫
副總經理 李
總經理 周

職
李明 謹呈

簽呈送上去坐在那裡看火燒，整個臺視燒光不干他的事！

中國的政治制度就是「你」在其位不可謀其政，也不可負其責，一切都聽最「大」的那個人說：「Yes就Yes，說No就No或指示怎麼做。」

把這個「著火公文」的內容改一下，就是八掌溪四人在眾目監看三小時之下，遭急流淹死的翻版。

一、竊職發現四人在八掌溪中遭急流困住。

二、用消防隊繩鎗抑或請直昇機救援？

三、究應如何處理　　簽請

核示

1985年在美國有關單位給我寄來一份「專業人才資料調查表」要我填寫，以便有朝一日能受到邀請回國一展專才。

如果你也收到這份調查表而想回國一展專才，你應該先瞭解王公子30年前發明的一套公式。這套公式經過30年考驗，於今更肯定其真實性。如果你能把這套公式融會貫通，而又能付諸實行，你就是人才，否則就是蠢才！這套公式如下：

立正＋報告＋理不直氣壯＝成功的人才

一、**先說立正**：當你面對主管、老闆或大官的時候，立刻閃在一邊立正，表示你尊敬他們；他們有事交代或交辦，要立正雙手接過來和送過去；他們訓示或打官腔的時候，你必須要立正恭聽訓示。

立正的時候切記不可抬頭挺胸，因為那會使你的主管、老闆或大官有一種「你美國回來的就這麼跩？」或是「好小子，你把胸挺得那麼高，不服氣是吧?!」的感覺。千萬不能讓他們有這種Feeling。

立正的時候要雙手下垂，兩肩向下墜，背微駝表示恭順；雖然心裡有「Mother's Fucker」的憤怒，但是臉上要表露出心悅誠服，務必做到表裡不一！

二、再說報告：不論做什麼事都要一層一層的先報告，報告就是寫簽呈；至於事情嚴重到什麼地步，你絕對不可以管，簽呈要先寫，萬萬不可自作主張。

比如說在你工作崗位上著火，你先坐下來把簽呈紙攤開，在上面寫道：

簽　呈

於民國××年×月×日
××部

一、職於今日下午×時在××地方發現起火。
二、擬請鈞座准予通知消防隊前來救火，抑或使用本公司（或工廠）自備之CO2滅火器救火。
三、究應如何處理　簽請
核示！

股　長　趙
科　長　錢
處　長　孫
副總經理　李
總經理　周

職 ×××謹呈

簽呈寫好以後送交股長，你就坐在那兒看火燒，等批示。

假如你一看著火了，不經過大腦思考，立刻拿起電話通知消防隊來救火；火是滅了，按理你有功於公司（或工廠），理應有賞。錯了，你以為你有功啊?!但上級人員可不是這麼想的！他們認為：「咦！為什麼別人沒發現著火（問題），就你發現了？你真是一個Trouble maker，這種人還能要嗎?!留下你，我的位子都保不住！」，「你這個人瞎亂自作主張，發現著火為什麼不先報告就打電話叫消防隊，這種人難以控制和駕馭，滾吧！」，「這把火恐怕是你自己點的，以後又自作主張叫消防隊來救火，好向當局表示有功。」……你看你冤不冤！

千萬記住，就是燒得片甲不留，你也別自作主張打電話叫消防隊。一定要先寫簽呈，等一層層批准了再做；萬一做錯了，你是照批示做的，與你無關。

一九八五年八月十五日中秋節，恰逢星期日，星期一補假一天或不補假，就這麼簡單的Yes和No的事，省主席不能決定，行政院長也不敢做主，簽報上去要蔣經國總統批示補假一天才行。你明白了吧？

三、**在救火的時候**，要是發生錯誤被上級追問，你絕不能認錯！要理直氣壯的為自己努力找理由辯解，氣雖壯但說時要謙卑：「這麼亂的交通，人不讓車，車不讓人，消防車；……」，「看熱鬧的人太多，自來水的水壓又不夠……」，絕不要提到自己所犯的錯誤，要竭盡所能的找出八火車的理由證明錯誤並不是你造成的。就算是有錯，也是別人錯了一大堆，你迫不得已被他們連累的也犯了一點小錯，讓上級覺得你非常值得同情與原諒。

要是你臉不紅，心不大跳，氣又不喘的去實行此一公式，你就是「人才」，什麼好事都有你一份。

要是把美國人「一是一，二是二；因為那樣，所以這樣」的做事精神帶回去，不但前途十分渺茫，依我看，不出一年半載，你就得回美國來。因為人家要的是「人才」，你偏偏那麼蠢，誰要用「蠢才」？只有美國這種少不更事的無知國家才會用「蠢才」，只有「蠢才」才會「一是一，二是二」，「因為那樣，所以這樣」；「人才」是「一是二，二是一」，「因為那樣，我偏不這樣」；黑的會變白，白的會變黑。你老兄科技學的太多，演技根本沒有！

要是有一天你被請回去做「人才」之前務必來向我學學立正的演技——如果你想當「人才」。

中國人最恨別人看不起他，但是中國人在人治和專制的政治制度之下，天天都很自然地做讓先進國家的人看了就會很看不起和輕視他的「事」和行為，一旦別人輕視他，他就「龍心大怒」，從不反省「為什麼外國人會看不起他」？

請看下頁答案。

一個人在其位謀其政而負其責，這樣的人在中國他的結局是很淒慘的！

胡秋源先生寫的「歷代中國英雄傳」，七百二十多位抵禦外侮的英雄，沒有幾位英雄的結局是好的。

岳飛，精忠報國，抵抗金人入侵。如果將軍缺乏是非、黑白、對錯的概念，他要怎麼賞罰弟兄？若是品格卑劣，怎麼做軍中弟兄的表率？他的結局是被昏君斬首，罪名是「批評皇帝出巡車隊最後一具棺材車。」

袁崇煥，明朝抗清大將。將軍能沒有是非、黑白、對錯的概念嗎？能沒有品，沒有格嗎？結局更慘，被愚蠢的皇帝下令刮他308刀，凌遲而死。這是古代，我們沒看見，近代呢？

葉公超外交部長、孫立人將軍被蔣中正這種無知的獨夫幽困到死。王建宣財政部長被李登輝這種混帳總統趕出內閣。這樣有才幹的人們，他們會沒有是非、黑白、對錯的概念嗎?!是沒有品，沒有格的人嗎?!「有」的結果你我都看到了。在其位謀其政而負其責的人，他們的結局沒有好的！

王公子用六發實彈上瞠，最大號的左輪鎗抵著自己腦袋的太陽穴發誓：「要是這種大家都不負責的簽呈公文來往制度繼續存在，而我們又能進入受人尊敬（像以色列、瑞士、盧森堡）的國家行列。」王公子就扣板機射穿自己的腦袋向大家謝罪，表示我錯了！

感激臺視・賞口飯吃

不論怎麼說，王公子還是很感激臺視，因為臺視給我一份固定的工作，讓我有穩定的生活和多餘的時間來完成中英對照《兩千基本中國字的用法》這本字典的草稿。

草稿完成以後，臺北各大書局及出版社以出版費用太高為由都拒絕出版，正在失望之際，聽我洋學生說臺北有一家成文出版社專出版這種書，王公子很冒昧的寫了一封信給黃先生，蒙黃成助先生接見，並將原稿交史坦福大學中文研究所杜所長審核以決定出版或不出版。

六十三年九月，永和中信百貨公司成立育樂中心，請王公子去當營業主任，王管理把所有資料分門別類整理好以後，就向臺視提出辭呈去當主任也。

常言說的好：「隔行如隔山」，王主任天天在痛苦中學習，好在王主任能舉一反八，於是很快的瞭解了其中的竅門兒，工作不但辛苦，也很操心。

幹了半年營業主任，就跟臺視簽約成為臺視的基本演員了。這時候，成文出版社黃成助先生為王公子出版了一本《為什麼中國人會這樣，外國人會那樣》，而且一次即印一萬本，為一本書打九萬六千元廣告的，在自由中國出版界來說，恐怕是空前創舉了。

六十四年五月成文出版社決定投資一百二十萬出版王公子的大作了，王公子立刻辭去營業主任，根據日本愛知大學編纂的《中日大字典》從早到晚大大的修改了九個月。

經過一再校對、修改，該字典已於一九七七年出版。

序 言

蔡樂生博士從報紙、雜誌、教科書等五十四萬個國字中，統計出最常用的兩千個基本國字（見常用字選：中國郵報社出版，臺北1963）。在這兩千個基本國字裡，第一個最常用的「的」，用了40,726次，第二個「不」字，用了18,850次，第三個「是」字，用了18,013次，一直到最後一個「顆」字，也用了51次。換句話說，任何人只要認識了這兩千個基本國字，就等於認識了百分之九十的國字；看書、看報、寫信都可以不成問題了。

編者根據多年來教授華語的經驗，知道一位外國學生在認識了一個中文字後，對這個字怎麼用、有多少種解釋，往往弄不清楚。他要查漢英辭典，但是漢英辭典通常只是先在一個中文字的旁邊，列出英文字的解釋。

例如：麥氏漢英辭典的「一」字：

一one, unity, the first,

a, an the, the same,

壹uniform, to unity, to unite,

次在許多複合詞的旁邊，列出對等的英文字：

3016 all

一一 each one; one and all; each separately; one by one.

一下 once

一些 some, few.

雖然有這些複合詞，因為沒有例句，只能使讀者瞭解字詞的意義，對於讀者靈活用字造詞的能力，還是不能有什麼幫助。

編者的這本書，參考麥氏漢英大辭典及日本愛知大學所編的中日大辭典。每一中文單字下，先列對等意義的英文字，再至少編造兩個附有英文譯句的中文句子，儘量使每一單字的意義及用法，清楚地呈現在讀者的眼前。如：

一、壹3016（麥氏漢英辭典裡的編號）Yi（耶穌大學所用羅馬拼音）—（中國注音符號）THE NUMBER ONE（在英文裡所具有的意思）

這一部汽車是你買的嗎？

Jèi yíbù chìchē shŕ nĭ măidė ma ?

Did you by this car ?

我們班上有六個高個子，他是其中之一。

Wŏmėn bānshàng yŏu lyòugė gāugèdż, tā shŕ ch í jūng jŕ yī.

We have six tall people in our class, and he is one of them.

這種方式非常有助於對一個中文字的理解與嫻熟運用。當然學習華語的朋友，使用本參考書時，應以中文句法為主，英文翻譯只供善能體會中文意思的媒介。

除了極少的幾個字，如「其」、「曰」等是文言文以外，所有的例句全是口語化的白話文。這本書注重的是中西人士實際溝通，並不考究學術意味或文學典雅。它最大的優點在：

對外籍學者	對中國讀者
可以單獨認字（包括意義及讀音）	簡易查出國字的對等英文
知道一字的多重意義及用法，便於造句作文	認識更多的英文詞彙及句型
促進中文會話能力	促進英文會話能力
旁通中文語法及文法	善能表達口譯字譯技巧

字是依據耶魯式羅馬拼音，按英文字典的排列方式從A到Y。讀者要查「師」字就查shr，要查「頭」就查tou，要查「給」就查gei，要查「問」就查wen。每一個字都是按聲排列的，「師」是一聲就查shr，「頭」是二聲就查tou，「給」是三聲就查gei，「問」是四聲就查wen。

動念編纂這本參考書早在八年前，直至民國六十五年秋，編者遇到了成文出版社社長黃成助先生，始蒙慨予資助，全部的英文翻譯，由來華研習中文數年的孔蘇珊小姐執筆。稿成後並多人校閱，其中何光謨先生提出很多意見及修改。編者在此對他們致由衷的感謝。最後也是最重要的是，如果讀者發現書中還有錯誤的地方，懇請您來函相告，我們二版時一定修正。

王定和

中華民國六十七年六月

這本字典8開本聖經紙共1,280頁，整整花了我8年的時間。

民國六十二年臺視是單月單薪，雙月雙薪，多少人羨慕啊！

范葵先生從新聞部調到節目部當企劃組組長，我是演員管理，范先生惹毛了王先生，王先生提筆寫好辭呈往他桌上一丟不幹了，情願到師大國語中心教外國人說國語賺點小錢。

還是總經理周天翔先生批慰留，我才留下，整整三個月我只上半天班，范先生不再吭氣了！

王先生沒別的，就是活得背椎骨硬！

年屆不惑，感慨萬千

王公子活了四十年，很有點感慨：

首先任何人沒有說他要生在誰家，因此，誰要他來到這個世界，誰就要對他負起教和養的責任。教他禮儀，為的是不惹人討厭，鼓勵他學習，為的是增強他日後競爭生存的能力；開導他的煩惱，尊重他的人性，當他跌倒的時候拉他一把；當他需要安慰的時候把他抱在懷裡。有一天他長大了，他怎麼會忘本！

當他生下來，沒有人教他禮儀，強迫他學習，不論做什麼都得按照大人的意思去做，稍有不對巴掌、鞭子就過來了，莫名其妙為什麼挨揍，有了煩惱無處傾訴，最需要安慰的時候沒人管，好像他得自己解決自己的一切問題。有一天他長大了，突然對著他說：「你一生下來就給你刮尿刮屎，養你這麼大，你翅膀硬了是吧?!早知道你這樣不聽話，小時候就把你捏死算了！……」他聽的進嗎?!

人一定瞭解誰善待他。別說人了，連狗都知道誰喜歡牠，牠見了喜歡牠的人，又叫又搖尾巴，那不喜歡牠的人，牠見了掉頭就跑，更何況萬物之靈的人了。

因此，只要是正常而具有人性的人，他在人際關係上就要求雙方互相對待－父慈子孝，父不慈，子就難孝；兄友弟恭，兄不友，弟就不恭；夫夫妻妻，做丈夫的不像做丈夫的，那麼做妻子的就不像妻，若是強要單方面遵守不合人性的規定－父不父，子亦得孝；兄不友，弟亦得恭；夫不夫，妻亦得敬，不管別人怎麼想，王公子認為這是「媽了屄！」

中國從夏朝就有了暴君，暴君是由專制政體產生的，而中國政治從夏朝起到清末被　國父孫中山先生推翻為止，四千多年都是帝王獨裁政治。

中國的皇帝是天子，是龍神，跟常人不同，所以每一個皇帝誕生的時候，都有一段神話，表示出生不凡，理應統治大眾。

貴族不用說了，就是起自民間的草莽人物劉邦，都有一段神話，表示他應該當皇帝，故事是這樣的：

劉邦的母親劉媼，有一天在水塘邊休息假眠，做夢的時候，夢見遇到神，當時天氣陰沉，雷電與風雨交加，正在此刻，劉邦的父親找到劉媼，竟然見到劉媼跟一條龍在交合，後來竟然懷孕而生了劉邦。

皇帝既是天的兒子，又是天上的龍種，所以皇帝理應大權在握，統治全國臣民。臣民必須聽從皇帝。因此，皇帝高興怎樣就怎樣，想怎樣就怎樣，要怎樣就怎樣。如果違反了皇帝的意思，隨時隨刻會遭殺身滅門之禍。

不論是明君、庸君、昏君還是暴君，他們的所做所為都不可批評，連影射都不行，若是見諸文字，尤其危險。這種人被扣上思想犯的罪名成為叛逆，將遭到極為殘酷的刑罰。

不但皇帝的所做所為不可批評，就是父母、長輩、上司和官吏的所做所為也不可批評，別說不可以批評，連抱怨或心中不平而表現出的態度不好都不行！

對父母、長輩口出怨言或態度不好，頂多挨打挨罵；對老闆態度不好，頂多被革職，不會有生命危險；如果敢於批評政府官吏的所做所為，將被扣上思想有問題的罪名，或受殘酷的刑罰，或就此被殺。

所以在中國不論犯什麼罪案，都有人敢為犯罪者說情疏通，只有被扣上「思想有問題」遭逮捕的人，沒有人敢替他說情，所有的親戚朋友也盡可能的遠離他，免得受到牽連。

四千多年來，中國就是這樣的專制政治，在專制政體之下又成了「一頭大」政治，一頭大政治就是：

在家聽從父母，在學校聽從老師，有了工作聽從老闆，人民聽從官吏。小官聽中官，中官聽大官，大官聽皇帝的話，所以中國人有句話說：「官大一級壓死人。」

因此，在中國的社會裡，沒有公平，更沒有公平競爭了。誰大誰就對，誰大誰就得聽命於他，誰地位高誰就有權力。要生存下去的人，必須學會聽話和逆來順受。

所以，一個中國人從小生下來就被否定了他的自我——不准抱怨、不准反抗、不准有意見、不准批評，他所能做的只有服從。也因此，一個人一生下來就處在一個勾心鬥角的現實社會裡，從小就學會了鬥心機。成人用眼盯著我們做，要不然就是諄諄告誡教我們怎麼做，務必讓我們覺得自己是個廢物蛋！

等我們長大成人，我們也不能信任別人，很自然的要指導、干涉、教別人怎麼做，同時也立下重重規定防止別人做偽，務必讓人有「我是什麼東西」的感慨！

當人不被信任時，他就不會有榮譽心和責任感，嗚呼哀哉！貪污、受賄、監守自盜等案件自然也就層出不窮！國人從小就屈從於權威，所以國人深深感到權力的重要。一個人要抬頭，要受人敬重，要表示自己有出息，唯一的一種上進辦法，就是爭取權力。什麼是權力的代表呢？官。只要是在官府裡做事而有頭銜的都是官。過去警察叫捕快，老百姓見了捕快要口稱大人，更不要說其他的官了。就是到了民國，警察也是人民的褓姆，要作人民的君，作人民的親，作人民的師。

現在，我們的社會型態已經進入工業化了，但是在本質上仍然脫離不了受農業化社會傳統生活方式影響的模式。因此，在機關、公司、工廠做事各憑心機互相爭管人權。有管人權的人才是有出息，為人看重，以及被認為上進而有面子的人。

你想要管人權？我們都想要管人權！而我們的社會又不要看一個人的才幹如何，只看一個人跟誰的關係如何與背景如何而定。因此，沒關係沒背景的人想當大主任、大經理、大什麼的，就得發揚萬物之靈的智慧——心機了。這種心機的運用往往要看個人的天資與本性，小時候家庭的薰陶，學校的陶冶以及社會的濡染而有高下了。

段數高的就上去，段數低的就被排擠了。如果我們的社會要消除這種煩人的鬥心機，王公子建議：

一、父母先建立尊重子女的觀念——把子女當人看，聽聽孩子們的意見，談談彼此的想法，對子女一視同仁。

二、社會建立起公平競爭的環競——優秀的淘汰差勁的，努力的淘汰懶惰的，有職業道德的淘汰沒有責任心的，整個社會沒有「人情」，沒有過份的面子，沒有讓人覺得不服氣的關係，也沒有大家所不齒的所謂走後門行為。人人都能在公平的環境裡，憑一已的聰明才智與他人競爭，行的上去，不行的下去。當人知道人情、面子、關係、走後門沒有用的時候，自然就不鬥心機了。

三、徹底建立起分層負責的制度。誰該管什麼，誰就管什麼，該誰的責任誰就負起來。任何人都得隨制度，不是制度隨人一下這樣，一下那樣。

四、准許輿論做有憑有據的評論。凡是違法失職不知自重自愛的人就應該受到制裁，但是輿論也不能瞎打高空或作無的放矢來傷人，凡是沒有真憑實據瞎報導的，要追究責任。

假如能這樣做，王公子相信，無論那一界都不會再有勾心鬥角的事了，你說呢？

其次「書中自有顏如玉，書中自有黃金屋」的口號，在科舉時代合適，誰要在今天快速發展的社會裡，再把這句話奉為不變的定律，誰就會遭到無情的淘汰！

因為，今天社會各行各業要求的不是一個人有多大學問，而是要看一個人謀生的工具是不是鋒利。什麼是謀生的工具？本身會什麼？精什麼？職業道德，明辨是非，組織，應變，企劃，辦事以及與人合作的能力也。

儘管每年有很多學生步入社會，由於謀生的工具不夠銳利，甚至不具備謀生的工具，一旦面臨需要有謀生工具才能找到工作的時候就傻了眼，雖然有大學文憑卻四處求職碰壁，講難聽一點兒，十六年教育不知道學會什麼?!

王公子大學畢業以後所從事的每一樣工作都跟大學所學無關，王公子今天所以能好好活著，是因為王公子花了無限的心血去學習，去體會謀生的工具，而這些謀生工具的能力原來在學校就該教，該訓練的，不是到了社會再現學的！

最後，人生下來最先學會而又知道是什麼意思的語言，就是「不要」，不要別人動他的玩具，不要別人吃他的東西……他要世界任何東西，也要每個人都順著他，因為他的「自我」（Ego）比誰都強，很多父母讓兒女的「自我」充分發揮，把兒女寵得無法無天。不知道什麼是對，也不瞭解什麼是錯，幾乎沒有「超自我」（Super ego）「超自我」就是一個人的自我道德約束力，這種約束力是父母教的。

這種沒有「超自我」的人在馬路上瞎開車，不知公共道德為何物，碰上警察開罰單，對著警察說：「你找麻煩啊?!」；「你知道我是什麼人嗎？」；「你弄清楚這部汽車是誰的！」；「放明白一點，延誤了公事，你負責啊？」，「我跟你們隊長是同學！」即使違反了一切規則，別人都得讓他三分！

這種人不但自私不顧別人，還沒有責任感和是非心，不論做什麼事都是隨自己的興之所至，一旦遇上阻力或失敗就怨天尤人，罵這個罵那個，絕不問自己吃幾碗飯或是自己能力夠不夠看！

另外一種人的「自我」受到外界強烈的抑制，一切要按照大人意思做，要乖，要聽話，不能說「不要」，也不可以說「不願意」，要是不聽話又說了不要呢？巴掌或是母親哭的一把鼻涕一把淚的，弄的孩子手足無措，久而久之變成心理說「不要」，表面不敢說不要，不但對父母不敢表示自己的「不要」，就是對所有的長者都不敢說「不要」，「不願意」，「不行」。 這種「自我」被外界強烈抑制的結果是唯唯諾諾，表面是一套，私下裡又是一套，心裡的歪念多過正當的行為，沒有創意而不敢負責。

就因為這兩種人太多，所以產生了一個缺乏良好制度，不能互相合作，沒有公平競爭，很難找到原則和立場以及大家都想掌管人權當老闆跟大亨的社會，也造成一種反淘汰的社會。有原則，有立場，有責任心，有辦事能力的人處處碰壁，受排擠。不講原則，不守立場，沒有責任心，不顧別人而又缺乏道德的人卻處處抬頭。

基本上別人愛怎麼搞就怎麼搞，只要不惹到我，我就裝沒看見，不知道，一旦惹到我，那就不行！舉例：

民國六十七年，臺視請李麗華女士擔任（聖劍千秋）連續劇女主角。導播是趙振秋先生。趙先生只要一上主控室戴上耳機，不論現場有沒有外人，打開麥克風對演員什麼陰損苛薄和髒話都說得出罵得出。

戲中魯直先生與我演店小二，正式錄影之前排演。剛一開戲，不曉得那點不合趙先生的意，開口就罵。王演員拿起一疊盤子對著趙先生就扔過去！當時攔阻我動手的有魯直先生、現任導播張穀興先生和助理導播陳海蒂女士。臺視開播十四年，他罵了十四年人，終於碰上楞頭青了！

有話要說

有很多人問我：「影劇界很黑暗啊?!」我的回答是：「在一人當權之下，你告訴我那一『界』是光明的?!那一『界』又是乾淨的?! 」別說人「界」沒有乾淨的，就連自然界的日光、空氣和水都是髒的！

在「天縱英明」的人領導之下，所教育出來的人，不是理性化的人居多，而是情緒化的人居多！情緒化的人是大腦被教育「死」，而小腦卻相當發達。這種社會人人都被逼得要走「正路」，所謂「正路」就是一個人和有權有勢人的關係—李蓮英的「正路」是慈禧太后，而李蓮英就是他侄子、外甥等的「正路」。

人人走「正路」的結果是造就出各式各種「李蓮英」和他的侄子、學生、連襟等，這些人所做出來的事往往使成千上萬沒有「正路」可走的人受害！受害的人因為沒有「正路」可走，有理又能跟誰去講?!有冤又能跟誰去訴?!於是人人被逼的情緒化——不用大腦講理，用小腦蠻纏！遂造成每一「界」都大混亂！

基本上，只要你罵到臺視或臺視的人，
本人就會提筆應戰。

權利與義務

演藝人員的一舉一動往往成為輿論攻擊的目標，尤其是要演藝人員自我約束透過螢光幕教育大眾這一點來說，據我個人從幕後看，這是絕對不可能的事。

因為藝人在二十年前非常不受重視，連社會地位都沒有，就拿民國四十幾年來說，當年在臺上唱歌的人不叫歌星，叫歌女，更不受人看重了！

曾幾何時，社會發生了突變——外國人來臺投資，利用我們廉價的勞力帶動了臺灣的工業起飛，自民國五十二年臺灣電視公司成立以來，戲子也好，歌女也罷，慢慢地成為電視明星和歌星，這是時勢造英雄。

時勢造英雄的結果是：現在的演藝人員如同漢朝的商人，漢朝的政策也是重農輕商，結果是重農農已貧，輕商商已富，演藝人員遂成為現代社會的新興階級。

演藝人員因為社會變了，而取得社會地位了嗎？沒有！因為我們傳統社會幾千年來一向不把人當人看，更不要說人權了。你知道「君叫臣死，臣不敢不死。父叫子亡，子不敢不亡。」任何把人當人看的社會都不會有這種說法。你知道嗎？漢朝有諍士，諍士的地位相當於現在的國策顧問，任務是向皇帝諫諍。如果皇帝的做法不對，諍士就勸告皇帝不要這麼做，皇帝高興聽還好，萬一惱了，就當著群臣下旨把諍士的褲子脫掉，當場打屁股。歷代皆然，明朝更惡劣！

要知道諍士不是阿毛阿狗都可以當的，其言行稍一大意即有屁股挨板子的可能，你我等而下之的小民還想有人權被人尊重當人看待嗎?!

因此，在我們的社會中，誰有管人權，誰能管得多，誰就有人「權」，而被人看重。父母有管兒女權，兒女要聽父母的話，照父母的意思做。老師有管學生權，學生要聽老師的話，照老師的意思做，以此類推，凡是不聽話有自己意見，自己主張與要求把我們當人看待的人，這種不聽話的人，他的後果你想都想的到。幾千年來，沒有人要聽你我說些什麼！

我們傳統社會中只知道上位者有「權力」，不知道有「義務」，下位者有義務累死活該，沒有權利。幾千年來形成有權力的人不盡義務，有義務的人沒有權力，也沒有權利，這種情形造成整個社會上下脫節。

任何進步而受外人尊重的社會，必然是把人當人看待的社會。把人當人看待的社會，必然權利義務分明，什麼是權利？什麼是義務？

演員有權利向電影公司要酬勞，電影公司有付酬的義務。若電影公司付不出酬勞，演員就有權利拒演。若是演員拿了電影公司付給他的酬勞，他就有準時到片廠的義務。缺乏權利義務的觀念，就會產生演員向電影公司要酬勞，但是當電影公司通知他幾點鐘來到片廠的時候，不是遲到找不到人，就是人來了片廠，卻二十四小時或四十八小時還沒合過眼。這時候怎麼拍？遇到這種不遵守義務的人，電影公司還不能說話，否則就是不痛快，不痛快的結果是演員不接通告，來了也不好好演，其心理狀態是：「你不給我面子讓我不痛快，我也不給你們面子，讓你們也不痛快！」這種不懂權利不明義務的觀念造成整個社會各階層的脫節與困擾。或許您會問：「姓王的，你說這話未免太武斷了吧?!」

有位美籍華僑叫黃大偉，前兩年天天在臺視跟著國語演員排戲錄影，只有一年多的工夫，國語說的相當好。有一天我跟他談到權利和義務的問題，我說：「在我們的社會裡絕大多數的人缺乏權利和義務的觀念。」他不以為然，我們賭一百元。他站起來問一位編導演三棲全能：「什麼叫權利、義務？」該編導演竟然答不出所以然，他又連問了三位大專畢業的製作助理跟一位高中畢業的演員，同樣得不到答覆，他馬上回到公司以董事長之尊把經理以下三十幾位職員叫到辦公室，問他們什麼是權利、義務？三十幾位職員都是受過高等教育的知識份子，竟然沒有一個人能回答他這個問題。過了一天，我在臺視遇見他，他自動給了我一百元。

根據這次抽樣調查，我可以武斷的說絕大多數的受過中等教育的知識份子，連維繫社會進步、穩定、合作最基本的權利義務觀念都沒有，還談什麼是非、黑白與對錯！又如何讓外國人心生尊敬?!

朋友，要瞭解樓再高，路再寬，汽車再多，工廠再大，若是整個社會缺乏權利義務的觀念，就像一位漂亮的女人——只外表漂亮，風度、氣質、談吐、儀態跟教養全沒有，儘管她長得漂亮，卻粗俗不堪，依然不受人尊重！

參加正式聯考受過三年或四年大專養成教育的人，尚且缺乏權利義務的觀念，更何況絕大多數的演藝人員不曾受過高等養成教育，若要演藝人員來透過螢光幕給大家做個好榜樣，您不覺得這是不可能的事嗎？

朋友，整個社會若是不把人當人看，缺乏權利義務的觀念，即使所有明星和歌星，男的穿制服理大光頭，女的穿陰丹士林旗袍、梳清湯掛麵頭，我仍然敢跟各位打賭，我們的社會依然是非不明，黑白不分。

當我們的社會人人有了權利義務的觀念，自然是非、黑白、對錯弄的清楚，到了那個時候我們的樓高、路寬、車多、工廠大才發生作用。否則樓高經不起中級地震，路寬擋不住開車走路的人亂來，車多卻阻止不了高速公路常出大車禍，工廠大造不出完全屬於自己的汽車，這是事實吧？演藝人員再怎麼做榜樣，有什麼辦法改變這種事實?!

與其叫演藝人員做榜樣，遠不如從教育著手——先訓練師範生具有權利義務觀念，再嚴格執行學教育的人辦教育，從播種到收穫也許慢，但這是最徹底的辦法，不是嗎？

我們看一件事不要只是憑直接的感覺去看，至於用筆寫寫黑字評論挖苦，動動嘴唇罵罵人誰都會，如果只是五十步笑百步，坦白講，誰都沒有資格評論誰！

1979年5月我正式移民美國，今年是2005年。26年來臺灣的總統仍然只有「權力」，沒有「義務」，從上到下大家還是瞎來、亂來、胡來。這樣一個沒有領導水準的國家，竟然說自己是「自由、民主、法治」的國家，難怪演藝人員的水準低落！

請別罵電視臺

前兩天接到編輯先生轉來您給編輯的一封信，您說您先發現孩子們有奇怪的動作，接著您注意到那是從臺視閩南語連續劇（田莊兄嫂）裡學那些神經病……整個劇情節十分荒唐。為什麼准許有這種電視劇演出呢？這封信我建議您寄給主管電影電視的單位請教一下。

※我們很想知道憑青年公司那幾個人的智慧，怎麼能把那麼多有識之士耍得團團轉？我們更想瞭解銀行業為什麼那麼不健全？可以不可以根據調查的檔案，編個連續劇讓我們見識見識？

※能不能拍一部我們自己的「衝突」電影來表揚我們自己守正不阿的警察先生？

※我們承認天下「沒有不是的父母」。因此。我們看多了慈祥而又偉大的父母，我們很想看看那些烏龜王八旦的父母是怎麼當的，能不能根據警察局的檔案紀錄編電視劇讓我們瞧瞧？

※能不能以新莊箱屍案為題材來個大喜劇，名字叫「糊塗大偵探」，劇中首先被抓挨修理的主角及配角由所有電視喜劇演員來演？

※人生下來就會吃，長大了，性器官成熟就有性的需求和衝動，這是人類的本能。可以不可以請有關單位製成

性教育紀錄片在電視上教育大眾？當大家對自己的本能有了正確的認識以後，就可以避免很多悲劇的發生。

如果這些問題得到的答案是「行」，王公子用磚頭拍胸脯向您保證馬上請編劇根據事實、檔案、調查資料來編劇本。如果得到的答案是「不行」，「為什麼不行」？答案是「政策問題」，請問「什麼是政策問題」？答案是「政策問題就是政策問題」，那麼朋友，您委屈一點兒，只好看看莫名其妙的電視劇啦！愛看呢，就把電視機打開，如果您認為這種電視劇有害貴府閤家身心健康，那麼就把電視機關掉不看也罷。

請不要罵電視臺，假如有人讓你穿上套著脖子式的小兒痲痺用的架子，還要你在臺上把歌兒唱好，劇演好，可能嗎？

明星不是教育家

有人說：「有些明星的穿著，儀態實在不敢領教，影響社會風氣莫此為甚！」

是的，我同意您這麼說，但是，他們為什麼會這樣呢？是他們天生就這樣嗎？還是他們個人要這樣？還是大家就愛看他們這樣？我想，這是一個很複雜的問題，絕不是開口批評幾句，就會變好的。

中國人有句俗語說：「龍生龍，鳳生鳳，老鼠生的兒子會打洞。」雖不盡如此，也絕不會說的太離譜；換句話說，有風度，有教養的父母，他們的子女也不會差到那裡。

父母的風度與教養來自何處？應該是來自學校的教育，我們學校教育的目標不是德、智、體、群四育並進嗎？這沒有說錯吧？

事實上呢？我看過大學教授上課的時候，當著學生的面大聲咳嗽，並將咳出的濃痰從講臺上吐到窗戶外頭，好功夫！我也看過大報的名編輯，上課的時候，把咳出來的痰，低頭吐在講臺上，然後用皮鞋去搓，好辦法！我更看見過有頭有臉的人物，在開會的時候，把痰吐在煙灰缸裡，好自然！我還看見過知識份子，在飯館吃飯的時候，把痰吐在飯館供應的毛巾上，真他媽的！也許您會說，這是小事。問題是，一個人的風度好壞就是在這些小事上，不是在齊家、治國、平天下的大事上！

而我們學校的教育教學生：「我要做一個活活潑潑的學生，我要做一個堂堂正正的中國人。」（這是一所小學牆上寫的大標語），「我們要做到本仁義，正人倫。重四育、尚篤行。健身心、愛國家。增智能、利人群。」「這是一所國中白牆上用藍字寫的大標語」。

一個小學跟國中生，就算個個都是智商兩百，聰明絕頂，恐怕也弄不清楚標語說的是什麼意思，更不要說做到了！

本公子很感慨的說一句話，就是我們的教育只教如何做聖人的大事，不注重風度、儀態之類的小事。

大家不注意教養之類的小事，學校也不教風度、儀態之類跟考試無關的東西，天哪！百年樹人大計的教育尚且如此，竟有人期望歌星和明星透過螢光幕來教育大眾改變社會風氣。難怪我的大門牙笑掉了四顆！

朋友，影響和改變風氣是教育的責任，歌星和明星算老幾？要有那麼一天，人人在小事上有了教養，這些星們，不管是天王星、還是流星、掃把星，自然而然就合您的意了。我的回答還您滿意嗎？

電視搖籃

（編著者按）一九七八年，紫薇女士的公子黃海濤先生結婚，臺視到賀的同仁很多，當時臺視有位新進歌星高美梅小姐與我一桌，她哭紅了眼，我們問她：「怎麼回事？」她說：「《民族晚報》把我說得好難聽。」我立刻到飯店外面的報攤買了份《民族晚報》，當時我就對她說：「別難過，王哥哥提筆應戰。」於是，在《民生報》上與包正先生交手。為此，《民生報》還舉辦過「××文章之我見」座談會。

第二攻勢，就是「色」的攻勢。一個男人，尤其是一個人心懷大志的男人，在錢方面，會有相當大的意志去抗拒，但是卻往往很難抗拒投懷送抱的女色。清朝入關，洪承疇被俘，對富貴榮華的誘惑，乃至於對生死的威脅，都可以置之度外。但是禁不住清朝皇太后的以身相誘，最後終於投降變節。今天的很多電視工作者，在修養上比起洪承疇來，相差甚遠，對這方面，自然也就更難以抗拒了。

說起來，也實在是人心不古，今天有一些在電視圈世界混的女孩子，為了想成名，真是什麼花樣都搞得出來，甚至她們會以自己的天賦來作為企圖登龍的本錢。於是，把電視圈的風氣，攪成一團混水，而事實上，由於我們有一些電視工作者的私德欠佳，所以，這些女孩子的大膽犧牲，還真是能一拍即合的達到目的，臺視有一位跳「背景」舞的高××小姐，因為對一位某某導播作了奉獻，於是那位導播先生對她就大力栽培了。起初，是在鏡頭上給予「特殊捧場」一大群女孩在蹦蹦跳跳，對其他演員，都只是用鏡頭搖一搖就算交待，但是對高××小姐，一定會用一個大特寫來強調，日久天長的一來，高××也就成了歌舞班裡的主角了。因為歌舞班在電視上一直只是陪襯，就是當主角也不怎麼樣，所以那位導播先生又大力提拔，這位高××，居然也變成臺視力捧的「綜藝新星」。那麼，在高小姐來說，一切奉獻和犧牲，都是有價值的了矣。

電視圈中，這種事例真是不勝枚舉，很多新人，都是這麼冒出來的，而臺視公司有幾位實力派的企劃和導播就專以培植這一類的新人為樂。像石××小姐，是一位龍先生力捧出來的，像丁××小姐，是被徐××先生力捧出來的，包正先生曾一度想送給這幾位一塊銀盾，上寫「電視搖籃」四字，以示崇敬之意，因為不管這些新人是怎麼來的，最起碼，這幾位先生在培養他們的過程中說得上是煞費苦心的。

能夠拉上一個導播就可以登上龍門捷徑。那麼，假如再攀上更有權威的人物，必然的就更有搞頭了矣。所以有些已經入門的星星，就會向更上面的大人物去下工夫。

為他們說幾句公道話

昨晚看了包正先生寫的〈電視搖籃〉，我覺得我有義務站出來說幾句公道話。

在電視圈裡奇聞異事層出不窮，已經不是什麼新鮮事了，但是包先生所說的：「高××是以『色』對××導播作了奉獻，於是那位導播先生對她就大力栽培了。」閣下的這種說法是含血噴人！

忘了誰說的：「劍與筆往往後者勝於前者」，一位受過教育而又能寫報紙專欄的人，理應人格高尚，若用筆來作無的放矢而傷人甚重，那是有損個人陰德的事！我敢斷言閣下是曾聽人說有這麼回事，顯然臺端沒有經過求證，也沒有憑據就來了個有聞必錄，這種作法在一個民主法治的國家裡，顯然已經構成刑法第三百一十條誹謗罪！不信你可以查查《六法全書》！

如果閣下讀書寫文章只能寫這種無中生有的專欄，那麼閣下的人格與文章，都同屬低級。

我，王定和，行不更名，坐不改姓。從民國六十年七月一日到六十三年九月三日止在臺視節目部當演員管理，專管演藝人員簽約及連絡演藝人員的事。因此跟臺視上下同仁都熟得很，為了閣下這篇專欄大作，在下作了非常仔細的求證：

高××是由於父親的關係，經過長輩推薦給臺視節目部，臺視節目部不是救濟院，何況各方神聖的推薦信多得不得了。於是臺視成立了六人小組評審會，凡是各方推薦的演藝人員要經過節目部經理、副理、企劃、導播、管理組組長及演員管理的評審，審查過後才通和某一個節目的導播或製作安排他演出一次，屆時由六人小組看其在節目中的表現而決定簽不簽約。高××一首〔萬家燈火〕上了××導播的節目，而由六人小組通過簽約的，她既跟臺視簽了約，她就有權利上臺視的任何節目，只不過她多上了幾次××導播的節目。

在今天人浮於事的社會中，人與人之間的競爭何其激烈，高××多上幾次××導播的節目，她又是新人，自然引起某些人的眼紅，於是話就說出來了，閣下聽了這些不負責的「話」，就下筆寫了，幸好閣下只能寫寫「專欄」之類的文章，若是閣下有權的話，光聽「話」就能殺不少人！

至於石××小姐，是龍××先生發現她長的像崔××，而且也是動作派的歌者，那時候崔小姐剛離開臺視，龍先生身為企劃，有義務把石××介紹到臺視用以對抗崔小姐而已。至於她能不能對抗崔小姐，現在大家有目共睹不用我說了。坦白說：「石××是來得早不如來得巧。」

你又說丁××是徐××力捧出來的，那就更笑話了，丁××早先是唱英文歌兒的，後來被新格公司看中成為新格公司的基本歌星，由新格公司推薦給臺視，丁××的唱片封面，報紙大幅廣告全由新格公司策劃宣傳，徐××捧個什麼勁兒！我在臺視久了，一向置身事外，但是這個人怎麼樣，那個人怎麼樣，王先生知道的非常清楚，這叫作「旁觀者清，當局者迷。」因此，在下奉勸閣下對於自己不太清楚的事，在下筆之前還是先弄清楚再寫。否則，你閣下的專欄改為「包歪專欄」，就不會引起我王滑稽人為他人申辯了。

敬覆王定和先生的「公道話」

包正

拜讀五日本版王定和先生〈為他們說幾句公道話〉大作，對包正日前在《民族晚報》有關臺視的一些報導文字有所誤解，王定和先生之大作題目雖然是「說幾句公道話」，但是在大作中對包正卻相當不公道，而且字裡行間，火氣甚大，一再以「有損陰德」、「含血噴人」、「人格文章，同屬低級」等形容詞來加強語氣。而且，更以《六法全書》之條文來作斥責包正之依據，實在讓人為之心驚肉跳。

包正不幸，吃了報館飯，賴筆耕為業，因自知才疏學淺，不堪聞問國計民生之大事，故僅只能訪求娛樂圈雞毛蒜皮之小事，雜湊成章，聊以供人茶餘飯後消遣助談之趣。

卻不料因觸及王定和先生之「義務」，而引來了王先生的「公道話」，實非包正所願也，所以僅借《民生報》寶貴篇幅，對王先生所指責之諸項，稍作辯答，以釋諸疑。

包正之拙作名曰「電視搖籃」，假如王定和先生能略窺作文破題之學，就可以了解包正對文中所提到諸先生之豐功偉業，實在是褒，而非為貶了矣。

搖籃者，扶育孩子成長之溫床也。包正文中所提之龍××、徐××及××導播，對培植新人不遺餘力，不但為臺視增添生力軍，而也為觀眾增添眼福，譬之謂「電視搖籃」，誰曰不宜。

關於臺視的事情，包正既非如王定和先生一樣榮任臺視管理大員，自然只能設法向臺視內部人士打聽而來，包正十七歲開始當記者，混跡採訪工作數十年，相信對事情真假，尚能理解，決不至於發生類似「錯誤的第一步」等高空報導也。所以對王定和先生所謂的「無中生有」頗感不服，假設包正在拙文中所舉例之事，果真只是由包正自己無中生有所亂扯者，那麼包正為何在文中只是寫了××兩字，而王定和先生隨即為××盡到「說公道話」的「義務」？王定和先生如果不是自己也對這些事跡耳熟能詳，那麼又怎能曉得包正所說的××是何等人物？

不過，儘管如此，包正還是要提醒王先生一下，包正所聽到的內幕有限，可能包正所指的那幾位××，並不一定是王先生心目中所內定的那幾位××，假如王先生張冠李戴，強以甲××為乙××，則可能就「×」之毫厘，失之千里之矣。

王定和先生指示包正查查《六法全書》，包正已遵命辦理，一查之下，不由得大開眼界，但是所覺得遺憾者，包正的作法在民主法治國家中，好像並不如王先生所說的犯了刑法第三百一十條，而卻相當符合刑法第三百十一條。

而相反的，王先生在大作中，既罵包正「有損陰德」，又罵包正「人格文章、同屬低級」，假如包正也像王先生一樣對法律有研究，倒真的要提醒王先生多看看《六法全書》中的誹謗罪了。

王先生所說，受過高等教育而又寫報紙專欄的人，理應人格高尚，包正對此頗不敢苟同，這個時代，高等知識份子多如牛毛，而在報上寫專欄的人，更是不計其數。

尤其因為報紙對專欄作家之遴選，不像臺視選拔演藝人員那般之嚴格，既無六人小組之評審，也無「試鏡」節目之過關，於是流品複雜，所謂專欄作家中，像包正之流者有之，像王先生自稱為「王滑稽人」者也有之，在此諸色人等之中，想要求每一個專欄作家都能符合「人格高尚」之條件者，豈非陳義過高？

所以包正要在此鄭重說明，包正雖然受過高等教育，目前擔任專欄撰述職務，但是那和王定和先生受過高等教育目前唱滑稽的情況完全相似，混飯吃而已。王先生千萬不要以為包正的人格一定比王先生高尚，假如心理上有如此誤會，一旦在不三不四的地方和包正碰面，就難免難為情了。

王定和先生在大作中說到臺視遴選演員的法定程序，實在令人欽佩。關於此點，包正過去也曾聽過，而且在過去報導中，也曾作過詳盡介紹。

只可惜很多事到了咱們這兒，制度是一套，而作法又是一套，不按牌理出牌之事甚多。假如王先生以為只要有了那一個組織章程，就一切都會像上金星發送太空船一樣的按部就班，包正也就不太服氣了。

以銀行為例，會計制度可說是完善無比，假如照規矩辦事，光是等各級人員蓋章，就能等出白頭髮來，但是結果又如何哉？還不是照樣給人出出花樣，通通關節，就可以把白花花的銀子拿了就走。

先生所說的制度是常規，而不幸包正所瞭解的是「特權」，這麼一來，事情也就兜不上頭了，即使以王先生自己為例，是否又正式經過六人小組的正式通過，才有今天滑稽人的地位？即此一端，就可以思過半了矣。

拉拉雜雜，浪費了《民生報》的寶貴篇幅，實感不安，就此打住。最後只以一點對王先生的小小建議，以作結尾，王定和先生以「王滑稽人」自居，讀王先生之大作，實在不失滑稽之本色，不論立意用詞，均讓人覺得滑稽萬狀。但是包正以為，王先生此次寫文章之本意，是為了要盡到為「××」等「說公道話」的「義務」，而公道之話必須出諸於理性之探討，及心平氣和之論述，似乎不能盡以滑稽為骨幹，未知王定和先生以為然乎？不然乎？

包正先生，請把字號亮出來

四月九日包正先生寫的〈敬覆王定和先生的『公道』話〉看到啦。

閣下說：「包正不幸，吃了報館飯，賴筆耕為業，因自知才疏學淺，不堪聞問國民生計之大事，故僅只能訪求娛樂圈雞毛蒜皮之小事，雜湊成章，聊以供人茶餘飯後消遣助談之趣。」 臺端既知自己才疏學淺，，理應力求長進。明知自己肚子裡墨水喝得少還硬要寫專欄。分明人歪，還敢自稱「包正專欄」！寫些供人茶餘飯後消遣助談的文字倒也罷了，幹嘛寫些道聽途說、有聞必錄的傷人文字?!這種文字豈止才疏學淺，這是學識有限，人俗才薄！不是你不幸，依我看是誰用了你，誰才是真不幸！

閣下說：「關於臺視的事情，包正既非如王定和先生一樣榮任臺視管理大員，自然只能設法向臺視內部人士打聽而來，包正十七歲開始當記者，混跡採訪工作數十年，相信對事情真假，尚能理解，決不至於發生類似『錯誤的第一步』等高空報導也。」

你就憑向臺視內部人士打聽而來就下筆瞎寫呀？打聽來的話是有憑有據的？就憑這點兒你閣下還敢說「包正十七歲……」驢唇不對馬嘴，自欺欺人的話啊?!假如記者都像你這樣「混跡」採訪工作，大學裡何必設新聞系?!

再說閣下自認混跡採訪工作數十年，這「混跡」二字就表示臺端不明是非，不知事情真假。你聽那位有學識、有見解，明理而懂是非善惡的人是用「混跡」二字來形容自己的?!閣下連字義詞彙都沒有弄清楚就敢寫專欄，啊，哈哈哈……

閣下說：「包正還要提醒王先生一下，包正所聽到的內幕有限，可能包正所指的那幾位××，並不一定是王先生心目中所內定的那幾位××。假如王先生張冠李戴，強以甲××為乙××則可能就『×』之毫厘，失之千里了矣。」

這把我當白痴看哪?!寫出臺視，又寫出職位，再把姓寫出來，只是把名字用××來代替。假如我說《民族晚報》有一個包×專欄作者，此人之人品、學識跟私德都是麻繩提豆腐——「甭提了」。你的朋友、同事和知道你的人會以為我寫的包×是誰？

記者寫的文字要求實，你既是自稱所知有限，怎可胡亂報導信口雌黃、惡意攻訐？報紙是大眾的公器，輿論是人民的喉舌，如果事實一如你所說的臺視內部有那麼多見不得人的事，我以一個演藝人員的立場，舉雙手贊成你將文章中那些「××」具名真姓寫出來，，這樣不僅可以端正電視事業的風氣，也替我們演藝人員出一口冤氣。

再說，閣下所知硬是有憑有據而又光明磊落，請你在專欄中亮出你的真名實姓，把你所採訪到的臺視內幕抖出來，無須藏頭縮尾，言詞閃爍，作不敢負責的報導，一個真正屬於大眾的、有正義感的記者，應該無懼一切地把事實真相寫出來，用「××××××」寫，那種含沙射影，捕風捉影，放冷箭傷人的文章，豈是正牌記者所應為。那只是當年上海灘少數方塊雜誌下三濫文化混混敲竹槓，混吃混喝的手法，這些應該也就是你包先生所不屑為的。所以本人誠懇希望你面對讀者，面對法律，舉起如椽巨筆寫出事實，千萬別亂打高空，別讓你服務的報紙，為你的專欄「巨作」跟著丟臉。

再說，若閣下所知硬是有憑有據而又光明磊落，為什麼用××來代替？你說了「包正所聽到的內幕有限」，因此你不敢負責，不敢面對讀者，更不敢面對現實，尤其不敢面對法律！你才將所聽到有限的內幕用××來代替。你寫這種文章不是低級是什麼?!不是瞎打高空又是什麼?!

閣下說：「所以包正在此鄭重聲明，包正雖然受過高等教育，目前擔任專欄撰述職務，但是那和王定和先生受過高等教育，目前唱滑稽的情況完全相似，混飯吃而已。」

閣下在那所大學受的高等教育？請把文憑亮出來瞧瞧！你說你自己混飯吃我不管，你要說我混飯吃我就要告訴閣下，我的飯是靠本事「掙」來的，不是「混」來的！本人出身國立大學，有中英文著作六本，其中成文出版社出版的二十四開本，一千三百頁《漢英釋義造句大字典》花了本人八年的時間，你有幾本著作？

你是吃筆飯的，因此我隨便舉個跟筆有關的例子告訴閣下，演電視只是我的職業，即使不演電視，我也有別的飯吃，所以你是「混」飯吃，我是「掙」飯吃！

你寫出的那些沒有水準的低級文字，你想我會以為你人格比我高尚嗎？你想我會有這種錯誤嗎？至於不三不四的地方恐怕只有你去，在自由意志下，我只去我可以老三老四的地方。

閣下說：「即使以王先生自己為例，是否又正式經過六人小組正式通過，才有今天滑稽人的地位？即此一端，就可以思過半矣。」

本人民國六十三年九月三日離開臺視出任永和中信公司四樓育樂部營業主任，我整整等了半年，才由臺視六人小組正式通過簽約的。當時，臺視因為演藝人員車馬費開支超過五十萬而凍結簽約。本人沒有例外！

我有今天滑稽人的地位完全是憑本事和人品，就本事和人品這二樣，也使閣下思過半矣。

至於我自稱自己是滑稽人，正是本人具有人性、理性和靈性厚道之處，讓你閣下下點兒臺，王某人的文章豈是你所說以滑稽為骨幹，你再好好讀讀看！王某人一向不愛辯論，也沒時間打筆戰，更何況跟連字義都沒弄清楚又瞎用詞彙的低桿來辯論，那就更乏味了。

您看到王公子文筆的犀利嗎？王公子之所以敢如此得罪人，一來是因為有「本事」掙生活，二來是因為「正」！如果自己做「歪」事有把柄落在別人手裡，文筆還敢這麼犀利嗎?!

滑稽人

阮文達

《民生報》常刊載一些演藝人員的作品，其中不乏清新可讀的佳作。尤以喜劇演員王定和的幾篇專欄，更可以看出青年一代的藝人，除表演外，且學有專長，如果把音樂、戲劇作為社教的工具，這無疑是一種可喜的現象。我從王定和的作品中，獲知他不僅受過完整的大學教育，而且前後還出版過六本中英文著作，《漢英釋義造句大字典》一書，據他自己說整整花了八年時間；我沒有看過這些著作，自然無從對它的內容加以置評；不過，在影劇圈中，有人如此肯潛心伏案，單憑這份耐力，就不是普通人以文人自居者所可企及。

王定和的文章中，我最喜歡他這幾句話：「我自稱自己是滑稽人，正是本人具有人性、理性和靈性厚道之處。」這可以看出這位年輕人，雖然以喜劇演員作職業；但他深深明瞭「滑稽」既不是「幽默」，也不是一般人心目中，只是逗人歡笑的言談和動作。他的意願，可能是想藉歡笑以發揮人性和理性的光輝，使所有觀眾不再沉淪於黑暗痛苦之中。也許我這番話，對一個歷世未久的青年演員，有過份推重之嫌；但如果王定和果能力圖上進，則卓別林在喜劇上的那些成就，也可能並不是前無古人，後無來者了。

太史公作《史記》，在〈滑稽列傳〉的篇首，引述了孔子的話：「六藝於治一也：禮以節人，樂以發和，書以道事，詩以達意，易以神化，春秋以義。」然後，他的筆鋒一轉，歸結到他對「滑稽多辯」的人的看法：「天道恢恢，言談微中，亦可以解紛！」太史公這段開場白，意在闡明六群雖然殊途，但卻同是「治道」；歷史上有許多賢人，他們並不一定是正襟危坐，並不一定言必稱堯舜；卻往往於嬉笑怒罵中，匡正了人生的過失，且進而使萬千百姓沾受惠澤，這和「六藝」之同為「治道」，毫無軒輊。太史公過人之處，是在他評衡歷史人物，具有獨到的眼光；項羽功敗垂成，落得烏江自刎，他卻將項羽和漢高祖同列〈本紀〉。〈滑稽列傳〉中，分述了淳于髡、優孟、優旃等三人的故事，其中優孟不過是一個「樂人」，只因這位以歌唱為業的藝人，在楚莊王那個時代所作的貢獻，不下於一般的卿士大夫，遂被置入「列傳」，使天下後世，猶能想望其風采。

用「滑稽」諷世，有時候所發生的作用，遠比說教式的論述，效果要強大得多。也許大家看過電視播出的外國綜藝節目，其中穿插喜劇明星的簡短「笑話」，不是具有深刻的警世意義，便是使人聽後回味無窮。我們這兒也流行一種所謂「橋劇」，但內容大多淺薄，除了贏得婦孺們一陣「哄與笑」而外；凡是略具深度的觀眾，都有「不忍卒睹」之嘆。現在的影視演員，有不少受過高等教育的青年才俊之士，為什麼大家甘受膚淺編劇的擺佈，不能把自己的人性、理性和靈性注入戲劇之內呢？我反覆思之，依然弄不清原因何在。

中國政治制度是「專制和人治」，只有「權力」，因此中國的文化只尊崇「大」，「大」的結果是人人都缺乏靈性！又人人都追求「大」的自尊感。

為什麼中國人缺乏靈性？

為什麼有些出道不久剛紅了一點兒的明星就擺出一付「好了不起」的嘴臉……

人之所以為萬物之靈，是因為人有自重感，人人渴望被人尊重。如果，你想讓人恨你一輩子，最好的辦法就是傷他的自重感。

一個人，當他在「棒下出孝子」、「不打不成器」、「少年老成」、「翅膀還沒硬，就敢自作主張，長大了還得了，跪下！」、「叫你上東，你竟敢上西，給你兩個大嘴巴子，看你下次還敢不敢不聽話？」、「罵你、打你都是為你好，你敢頂嘴，看我不撕了你的皮！」等等的觀念和教育下，一個人的自重感將嚴重的受到傷害，慢慢地在權威壓力之下就被磨滅了，然後轉到潛意識裡去了，在夢裡或是遇到機會的時候，才從潛意識裡冒出來。

有一天，當他有權管眾人之事的時候，那怕是芝麻綠豆大的官兒，也會神氣十足，愛理不理，或是官腔鏗鏘有力，更妙的是叫別人遵守的規則，他可以隨時不遵守，這種行為一來反應他從小沒被人尊重過，所以他也不會尊重別人；二來表示他非常缺乏教養；三來就是以這種方式找回他那曾經被磨滅的自重感。

還有一種人，一旦登上老闆、經理的位子，他從不替人想，也不顧別人的困難，更不管別人的死活，他要怎麼樣，部下就得給他辦到，若是辦不到，他就會大發脾氣或是來個震怒什麼的，為的是找回他的自重感。

比如說，他叫部下去給他買兩張下午三點鐘的電影票，他到了兩點半才講，好像電影院是他們家開的！部下急急忙忙地趕到電影院門口，一看售票窗口前排的隊伍就知道大勢已去，買不到票矣。要是買不到票，回去一定吃老大的扒頭：「叫你買兩張票都買不到，真沒用！」，「什麼？人好多？人多要想辦法呀！你長個腦袋幹什麼用的？」，「我看你沒去吧？買兩張票有什麼難？我每次（其實只有一次）都能買到，為什麼你買不到？」……做部下的一想到這兒，為免於吃扒頭或讓老大留下笨的壞印象，於是鼓起勇氣，厚著臉皮擠到售票口前見機行事；求人代買或是自掏腰包買黃牛票回去好向老大交差。老大只叫部下去買票，不管部下用什麼辦法，只要把票買回來就行了。我們的社會裡有那麼多瞎來、亂來、胡來的人，這些只顧自己有自重感不管別人死活缺乏靈性的老大要負很大的責任！

任何一個社會，是人就得屈從於「大」和「權力」之下，不准不聽話！那麼，人必然缺乏對與錯，是與非的觀念，更缺乏自尊尊人的意念，幾乎所有的人都有一種共同的信念。　即追求「大」與「權力」，只有「大」又有「權力」的人，才有自重感。

不「大」跟沒權力的人，就沒有自重感了嗎？有，這些人為了找尋那失去的自重感，就會處處表現的跟別人不一樣，表示他很亨！很罩得住！用一種不敬業，不守規則，不聽指揮，走旁門左道，莫名其妙耍大牌，高傲，囂張而又以自我為中心，不顧他人的觀感與感受，成為老子高興怎樣就怎樣的態度來表示他與眾不同，以找回他那失去的自重感。奇怪的是，我們的社會偏偏吃這一套。

最讓人覺得悲痛的是，誰要守職業道德，顧及他人，本本分分遵守規則，誰就是吃不開，兜不轉，沒有「辦法」的人，是要被人看扁的！這種情形在影視圈中尤其分明。

王公子想，什麼事非我不行嗎？沒有我就辦不成了嗎？大概不會吧！為什麼？

有一天，有那麼一個團體，請全國影視兩界的精英遊日月潭（王公子也在被邀之列），不知道什麼原因，五艘汽艇到了潭中心全部沉了，造成影視兩界的痛失英才一個都沒活，全給水淹死了的大悲劇，全國電影院都關門兒啦？電影公司從此宣告破產不拍電影囉？還是三家電視臺的戲劇節目都開了天窗空白一片哪？

朋友，你放心，這種事只促進報紙多賣幾份兒，讓電視臺記者多拍點現場影片放給大家看看跟做為大眾茶餘飯後的談天資料而已。至於電影院裡的電影會照常放演，電影公司照樣拍片，三家電視臺的戲劇節目照樣會播出，社會上其他各行各業該幹什麼的照樣幹什麼，絕不受影視界痛失英才的影響。 唯一受影響的行業恐怕是殯儀館，因為一下子停不了那麼多不喘氣的人，再來是葬儀社，為包辦出殯事宜，大家搶生意說不定幹起來了！ 如果你碰上這種剛紅了一點兒，還沒猴兒屁股紅的明星就自以為了不得啦，只顧自己有自重感，對劇務、化妝和燈光諸多挑剔，不顧別人也有自重感的明星，你就當大眾的面用閩南語大聲開罵：「×你娘！×你娘！你娘老××！你死在日月潭，電影照樣開拍！」然後，掄圓了拳頭請他吃一頓沒有鐵鏽味兒的大餐，他就老實了。

要是不能修理他呢？那你就得狠狠地報假帳，挖老闆的錢，做為低聲下氣，侍候他的報酬。

2002年65歲才真正想通「中國是個什麼樣的國家？」

全世界沒有一個專制、獨裁和人治的國家是富有的國家，全是窮國！窮國的學校少，圖書館更少，博物館是鳳毛麟角。因此，窮國培養出來的國民是素質差、品質差、氣質更差！

中國是專制與人治的國家，當然是窮國！中國培養出來的國民只會用「小腦」胡搞、亂搞、瞎搞和蠻搞，不會用「大腦」好好想想，好好設計！

中國是個什麼樣的國家？

中國是一個人治和專制的國家，這是個不把人當人看待的國家，在這個國家裡只培養「大」，也只講「大」，「大」人有權力（power），權力是不可以質疑，不能反駁，不准辯解，不允許反抗，必須沒有理由地絕對服從。中國人最有權力者是皇帝，其權力的最高境界是「君命臣死，臣不敢不死。」民間最有權力的人是父親，其權力最高境界是「父叫子亡，子不敢不亡。」最能代表「大」和「權力」的人就是皇帝和皇帝養的「官」，「官」從宰相到捕快（警察）都是皇帝的奴才。奴才有一句話：「官大一級壓死人」，這些皇帝的奴才就是掌管老百姓的「父母官」。

老百姓要聽「官」的話，因此中國人是99% 的「民」要聽1% 「官」的話，那1% 官的話要聽最後一個最有權力的人批准或說「好」才算數。

全縣的老百姓都說：「No！」，縣長說：「Yes！」就「Yes！」了，府臺大人說：「No！」，那就從縣長的「Yes」變府臺大人的「No」，省長說：「Yes！」那就從府臺大人的「No」變省長大人說的：「Yes」，宰相說：「No！」，那就從省長大人說的「Yes」，變成宰相大人說的「No」，最後皇帝說：「Yes！」定案。最「大」，最「有權」的那個人說了才算數，這就是人治和專制的特色——多數服從少數。

在中國只有「官」大的人才是「人」，才受人尊敬，也才有「自尊」，「小」的人什麼都沒有。因此人人都想做「大官」，問題是誰給你「大官」做？答案是最有權力的皇帝或專制者。你要做「官」，你就得沒有品格，沒有自尊的想盡辦法依附那最有「權力」的人，一旦專制者給你恩寵，你就「大」了！要是得不到什麼恩寵呢？那就想歪點子得老大「恩寵」。

星期日坐車到蔣經國總統家，門口警衛也不能不讓他進去，但蔣經國總統沒有請他去，他又不能直接去見總統，於是他就去警衛室找警衛人員或去廚房找廚師和女佣打屁，混上一個小時再坐車離開總統家。第二天跟別的「官」說：「經國先生昨天召見我……」，在總統「家」召見不是恩寵是什麼？因此他就「大」了！

中國在人治和專制的統治下，人人不能有是非、黑白、對錯的觀念，必須混淆不清，也不能有「品」有「格」，更不能有「自尊」，否則結局悲慘。

胡秋源先生寫的「歷代中國英雄傳」，七百二十多位忠君愛國抵禦外侮的英雄，沒有幾位英雄的結局是好的。

岳飛，精忠報國，抵抗金人入侵。如果將軍缺乏是非、黑白、對錯的概念，他要怎麼賞罰弟兄？若是品格卑劣，怎麼做軍中弟兄的表率？他的結局是被昏君斬首，罪名是「批評皇帝出巡車隊最後一具棺材車。」

袁崇煥，明朝抗清大將。將軍能沒有是非、黑白、對錯的概念嗎？能沒有品沒有格嗎？結局更慘，被愚蠢的皇帝下令刮他308刀，凌遲而死。這是古代，我們沒看見，近代呢？

葉公超外交部長、孫立人將軍被蔣中正獨夫幽困到死。王建宣財政部長被混帳李登輝總統趕出內閣。這樣有才幹的人們，他們會沒有是非、黑白、對錯的概念嗎?!「有」的結果你我都看到了！

結論

因為中國的人治與專制，造成中國是一個強凌弱，眾暴寡，大欺小，上騙下，沒有原則，不懂立場，是非、黑白、對錯混淆不清，不自重也不尊重人。人人追求「大」和「權力」的社會。「權力」大的人竟然沒有「義務」。

老百姓「大」不了就自己努力成為「土豪」，有錢了就用錢勾結「官」竊取更多的「錢」。當選「劣紳」的民意代表，用「權力」壓迫「官」來自肥，等而下之的地痞流氓及警察直接用暴力欺民，大家「怕」他，他就「大」了。只要「大」就有「利」。

中國就是一個這樣的國家——人人的「我」最大，不擇手段的追求「大」！追求「大」的結果是人性殘忍，沒有靈性，缺乏理性又情緒化。

宮廷惡鬥，為了「權力」。宮廷的人什麼卑劣的行為和殘忍的事都做得出來——父皇殺子，母后囚子，嬪妃之間惡意相殘爭寵，兄弟之間為奪皇位而互相殘殺，一旦當了皇帝就殺功臣。歷史評漢高祖劉邦「豁達大度，知人善使。」他當了皇帝第一件事就是殺功臣，不但殺還要「烹」之（煮了），然後分給大臣們食之（吃）。皇帝要疑臣謀反竟然殺他九族幾百，甚至千人以上，這是「斬草除根」。怕將軍戰功太大而功高震主，威脅自己的皇權。七百二十位為國盡忠勇敢殺敵的英雄竟然沒有幾位結局是好的，全被皇帝殺了！

常言說：「上樑不正，下樑歪。」有這樣缺乏人性及靈性的皇帝，下面就有秦國打敗趙國，秦將白起把趙國四十萬降兵在長平的地方挖個大坑全部活埋。（史書記下「坑趙卒四十萬於長平」），清兵攻進明朝的揚州城，竟然屠城十日，沒有人性及靈性的將軍。「上」和「中」都如此，到了「下」的民間要有「人性」及「靈性」豈不是痴人說夢話！

因為中國人為爭「權力」而缺乏人性及靈性的結果是：中國春秋時代以後就不准許有思想的文化了

中國的讀書人被「十年寒窗無人知，一旦成名天下聞。」的科舉考試制度把大腦「烤」的壞死。因此，用小腦代替大腦——只往「內看」，不會「觀察」外面。

如果你認為中國是一個有「文化的國家」，你的大腦大概被「烤」壞了——不能思考。你仔細想想：

中國五千年歷史是有的，藝術如畫、書法、音樂、陶器等和廟宇及宮殿的建築等，因為沒有思想或是文人看不起的「匠」用一生的時間做出來的，所以是精緻的。文化除了儒家一種文化以外，沒有其它文化了，。因此稱為「腐儒」——不准你有思想！

歐洲近代文化發源於英國，19世紀英國有95% 以上的文盲嗎？但中國有95% 以上的文盲，到了21世紀的現在，中國大陸官方說仍有一億文盲！一個自稱自己有「五千年歷史文化的國家」，竟有這麼多文盲。這是什麼文化國家?!

中國的文化在春秋時代是黃金時代，那時道家、法家、墨家、陰陽家、縱橫家、儒家等九流十家，誰高興怎麼說就怎麼說。到了秦滅六國統一中國，秦始皇恨讀書人批評朝政，於是下令燒書，只留下農業和醫藥的書不燒，再把讀書人挖個大坑活埋了。你說中國還有文化嗎？漢高祖劉邦滅了秦國，漢武帝又聽董仲舒之議罷默百家獨尊儒術，只有一種孔子說的思想，這也是文化嗎？到了明朝要朱熹註的論語才是科舉試題的標準答案，這能是文化嗎？缺乏文化的結果是文盲太多——愚民。讀書人也是大腦壞死不能思想——比蠢民好一點，這才符合統治者實行人治和專制。

中國不是禮儀之邦！

如果你說「是」，你真的被人治和專制的「權力教育」教的缺乏思考，你仔細想想：

中國人的「禮」是「小」對「大」要有禮。兒女對父母要有禮，學生對老師要有禮，伙計對老闆要有禮。

「大」對「小」不但不說「請、謝謝」這些禮貌字，只要不高興，開口就罵，動手就打。「下」對「上」要有禮，科員對科長要有禮，科長對處長要有禮，處長對局長要有禮……逢年過節都是「下」給「上」送禮，「上」從不給「下」任何禮。常言說：「現官不如現管。」只要他是「現管」你，你就得對他有禮。

我們之間沒有「大、小」，「上、下」和「管」的關係。因此我對你不會有「禮」，我對你有禮豈不是你「大」我「小」，你「上」我「下」。中國人對陌生人表現的是冷漠和無禮。

中國人撒謊及聽謊

你聽過「在晉董孤筆」這句成語嗎？董孤是晉朝的史官，他在父親及叔叔被趙盾殺了之後仍然寫下「趙盾弒其君」。趙盾不敢再殺他，再殺晉朝就沒史官了。

史官記下事件是他的職責，一個人吃這行飯，做這行事，有什麼值得後人如此推崇的？只有一種解釋，那就是歷朝歷代所有的史官屈從於權勢，睜著兩個大眼寫下的都是謊話連篇。只有董孤不畏權勢，不顧自己的性命，也不顧九族的性命，忠於自己職責而寫下「趙盾弒其君」，才值得後人崇敬有加。

你想想：

如果大家都得誠實面對自己做的「事」的結果，「權力」大的人怎麼可能去殺史官？就因為中國是人治和專制，有「權力」的人不能，不敢也不願意面對自己做的「髒事」的結果，所以要用種種方法去掩蓋他的「髒事」，凡是不願意、不肯幫他掩蓋他所做的「髒事」的人，他都會殺無赦！奴才「官」為了怕被殺，也怕被罷官，所以極力幫主子掩「髒事」，因此中國史是一部「撒謊史」，一個個都是撒謊的領袖，幫著領袖撒謊的父母「官」和一部撒謊史的國家，她的國民會誠實嗎？

常言說：「上樑不正，下樑歪。」領導系統帶頭撒謊，卻能教育出誠實的國民，他奶奶的，說死了我都不會相信。因此，由歷史的根源我肯定中國是一個說謊的和聽謊的民族。

30多年以前臺灣刑警大隊向美國買的測謊器，第一次用在罪犯身上竟然不靈！臺灣各大報紙都登了這條新聞！

中國只有「冤屈」沒有正義

因為中國是人治和專制的政治制度，所以中國人只看「權力和勢力」，有權有勢的人欺壓、毆打、凌虐、強取、霸佔、欺騙沒權沒勢的人，他們也不敢去官府告狀，也不敢去法院告人，因為官府的官也怕「權勢」，只要有「權勢」就可以命令官府的官和法院的法官冤判、枉判。因此，中國人有冤沒有地方訴，有理沒有地方伸，被壓迫到絕望的人就「寧為玉碎不為瓦全」，「同歸於盡」或「練武報仇」。人治與專制下的中國人活得非常沒有尊嚴！

按佛的因果說法，我們上輩子一定造了很多業障，所以這輩子生為中國人——不被人當人看的活著！

中國培養內鬥，表裡不一，結果一盤散沙

你想想：

慈禧太后和光緒皇帝的想法不同，前者要維持清朝的腐敗，後者要變法維新。但慈禧太后比光緒皇帝「權力大」，光緒得聽慈禧太后的，如果光緒把慈禧幹掉而革命成功，那就光緒「權大了」，慈禧太后就「小」了，李蓮英「更小了」，慈禧太后要維持「大」就得把光緒幹掉，李蓮英因主子「大」，他也跟著「大」。因此，他得把光緒皇帝壓下去，而在慈禧面前搬弄不利光緒皇帝的是非話。中國人明爭暗鬥為的就是「大」，「大」就有權力，有權力的人才被人當人看。一旦有「權力」管你，你心裡對他是一百個「幹他娘」，只要你見到他，你還是心裡

「幹他娘」，但對他笑臉鞠躬，這就是表裡不一！

人人都要爭「大」，結果是人人都要「寧為雞頭勿為牛後」，一個人人都要做「雞頭」的社會要怎麼團結？當然成為一盤散沙！

中國這個國家的人民因為人治和專制而缺乏靈性！

演藝人員生活自律公約

◎民國六十七年，王羽在杏花閣酒家與他人發生打架及槍擊，報上天天大幅報導，於是新聞局下令要全體演藝人員簽自律公約。

你對演藝人員生活自律公約有什麼看法？

演藝人員名氣大，所以出了一點事，不管是個人的私事，還是與公眾有關的行為，報紙上就大登特登，像禿頭小雞大家啄，反正他也不會怎樣，這就是我們所謂的「輿論力量」，把演藝人員赤裸裸暴露在大眾之前，十目所視，十手所指，動輒得咎，該死。

因此，當我接到電視公司要我參加十月六日演藝人員自律公約時，老實講，有一種被侮辱的憤怒感。為什麼別人的不良行為要由我們全體來負責？

在一個法治的社會裡，個人的行為應該由個人負責，要自律應該是那些登記有案的人去自律，潔身自愛的人根本無須自律。

理髮廳有「馬殺雞」，難道每一家理髮廳的人員都要簽約自律嗎？

有法官貪污，有推事打架互控傷害，難道法院的公務人員都要簽約自律嗎？

銀行有人捲款潛逃，有人盜賣債券，難道每一位銀行人員都要簽約自律嗎？

一個人簽了自律公約就會在一天之間變成有道德、有良知、有信義的人嗎？道德、良知、信義是接受了長久教育慢慢培養出來的，不是簽了自律公約就會有的！

再說演藝人員所簽的十條自律公約，不僅僅是演藝人員應該遵守的，也是人人應該遵守的！

茲將十條自律公約抄錄如下：

一、**服膺反共國策，維護中華文化**。誰不應該？

二、**實踐守信美德，不違約背信**。這是雙方面的權利義務問題，不是單方面去遵守的。

三、**厲行守時觀念，不無故不到或遲到**。那一個機關，那一個公司允許他的屬員可以無故不到或遲到的？

四、**不穿奇裝異服，不蓄不雅長髮，不參加色情暴力演出**。穿奇裝異服，蓄長髮構成違警罰法，警方執法人員可以抓他去拘留並強制把頭髮剪短。參加色情暴力演出，有新聞局電影檢查處不准上演來制裁。

五、**嚴肅生活，不酗酒，不賭博，不打架滋事**。這是屬於個人教養的行為。酗酒、賭博、打架滋事，法有明文處罰。

六、**力行生活節約，革除浮華奢靡風氣**。商朝最後一任皇帝紂王，在享樂方面是以酒為池，懸肉為林，男女裸體做樂其間。浮華奢糜的生活自古已有，不是演藝人員創造發明的。老實說，有幾位演藝人員浮華得起，還是問題。尤其是在工業物質文明的社會，許許多多的人都在忙碌賺錢，為的是什麼？為的就是能多享受一點物質文明，像顏回似的一瓢飲，曲肘而枕的人物，已經不存在。

只要社會上工業文明存在一天，浮華奢靡的風氣就存在一天，有如形影不離。什麼叫浮華？什麼叫奢靡？很難有個明確界限。今天我們的社會裡，誰坐的汽車最貴？誰住的大廈最豪華？誰的生活最奢靡？請做一番統計，演藝人員也許挨不上邊。

因此，任何一項規定也好，法律也好，若是與現實生活脫節或違反人性的基本要求，一定造成陽奉陰違。

七、珍惜聲譽，不參加不良幫派，不結夥逞強。一個不珍惜自己聲譽的人，將被社會摒棄。參加不良幫派的人會被警察捉去，結夥逞強不是被關在監牢，就是被官方送到外島去管訓。這是人人皆知的事。

八、隨時注意進修，充實個人學養。要進修，要充實個人學養的人，即使不簽自律公約，他也會做到。相反的，就是簽一千次自律公約，他的言談舉動還是粗俗。

九、多作善意建議，不作惡意攻訐。善意建議是團體一份子應該盡的義務。惡意攻訐有刑法第三百零九和第三百一十條明文處罰。又有刑法第廿三條正當防衛，當著別人面惡意攻訐，別人可以當場揍人的！

十、**互助合作，熱心公益，敬軍勞軍，發揮團隊精神**。社會缺少了這些將停滯不前，也會被他人看不起，在這一方面做得最棒的一個民族，是以色列人。但是，還沒聽說以色列人參加什麼自律公約的。

那你為什麼要參加演藝人員自律公約？

中國人有句話說：「水裡淹死會水的，陸上打死膽大的」。過去我就是不瞭解這句話說的是什麼意思，逞能嘛，不信邪嘛，不知道吃了多少苦頭；在家被父親揍，在學校被訓導主任開除，在軍中服役關禁閉，在社會上工作被炒魷魚。現在終於明白這句話不是說著玩兒的了。

對於這件事王演員認為是奇恥大辱，誰做錯了事，誰有不良行為誰才要簽自律公約，為什麼別人的不良行為要全體負責？我，王定和，雖身為演員，但有六本中英文著作，我的時間都用在這上面了。其中成文出版社出版的《漢英造句大字典》舊金山州立大學中文系陳立鷗教授就予以推介，我沒有亂來！

民國六十八年，臺視演藝人員服務中心吳國良先生一再要我申請演員證，沒有演員證新聞局不准拍電影，我對吳先生說：「謝謝關懷，我決定不做演員了，絕不再接受侮辱！」

我不是叛逆，也不是強出風頭，而是對不合理的事，尤其是對任何不把人當人看的規定，或把我的自尊像香煙頭一樣壓在腳下踩，我就會「立刻」衝動，絕不保持緘默任人欺壓！

我沒有侮辱自己，絕不接受任何侮辱和輕蔑，在一個團體裡也絕不坐視欺負人的人任他為所欲為的欺負善良人。但絕不逞「夫扶劍怒目而視，彼惡敢擋我哉」的匹夫之勇。

我的問題都是出在各位所看到的這些問題上。因此，在家我是逆子，在校我是問題學生，當兵是頑劣戰士，入社會是不立正、不圓滑的人，在中國的社會裡，我所挨的揍，所受的折磨和屈辱，相信你可以瞭解，但我寧斷不彎！

1979年5月在我演藝事業日正當中，每年可以賺100萬臺幣（高雄電子工廠領班一年7萬元），毅然移民美國，因為；

我在心理上始終不平衡，當時我是臺灣第一個國立政治大學教育和新聞（三、四年級教育系的必修課已少，所有選修課我都選新聞系的必修課）兩系畢業的學士明星，在心理上有如一個寓言故事：「農夫張網捉麻雀，農夫把麻雀從網上拿下來的時候，小鳥說『我是金絲雀，不是麻雀。』農夫說：『你不要騙我，金絲雀怎麼會跟麻雀在一起？』明星在知識份子的心目中是『戲子』，」雖然錢賺得多一點，但不被尊重，於是我教我弟弟以兄弟姐妹是美國藉幫我申請移民，極欲到美國闖一下，闖出來更好，闖不出來，至少自己有闖的機會，只好拿到美國護照回臺灣就認命自己是「麻雀」。為什麼要拿到美國護照才認命？

國民黨的統治者和他們用的奴才們，從來不對人民說實話。第二天早上一覺醒來才知美國與臺灣斷交和中共建交，心理上非常不安全。移民美國5年就可以入美國藉，拿到美國護照就等於拿到「安全保險證」，一旦中共來臺之前如同越南，我手持美國護照上飛機撤僑回美國就快了嘛！

內心對當時臺灣國民黨一黨專政的人治和專制，把臺灣社會人士教的胡來、亂來、瞎來、甚至蠻來感到厭惡，走得遠點「眼不見心不煩」，就在這種錯綜複雜的心情中，毅然放棄明星生涯遠走美國。在進機艙之前，有一股衝動，非常想站在機艙口，面對台北總統府用丹田之氣大喊「我肏你媽了個屄的蔣中正！」但是不敢！

1978年1月4日與乾德門一起抵達舊金山，在弟弟家住了半個月，我太太也來了，我們在舊金山列治文區租了公寓，同年五月回臺灣辦離婚。在臺灣又演了一年戲，把所有的欠債還清，於1979年5月6日正式移民美國。

移民美國當時，我本身的條件是：

41歲，美國人說：「你不能教老狗玩新把戲You can not teach old dog play new tricks.」的年齡。以國立政治大學教育系畢業的學歷，按美國標準早就被淘汰到垃圾堆去

我這一生中唯一深感虧欠的就是我的大女兒。

了。帶來的$1,500元是向當時臺視同事兼同學陳鐵輝先生借的（陳先生現住紐約）。

1979年5月6日，我弟弟去舊金山機場接我，在他家住一夜，第二天他開車送我到電火車站（BAR），我自己坐車去舊金山，再坐公共汽車到紀利大道（Geary Blvd.）和第三亞運由（3rd Ave.）口上的David Varner雪弗蘭汽車代理店找賣車（car salesman）的工作。當時有一位舊車部經理C.C.楊先生幫我忙，見銷售經理Jeo Diserno，我跟Jeo說：「我在中國社區很有名，你僱用我，我保證你用對了人。」他給我一份申請工作表格，我把表格填好，他叫我明天來上班，我問他能不能給我一部車回Pleasanton，他給我一部大旅行車，回到弟弟家把兩個大箱子放到車上，回到舊金山第四亞運由（4th Ave.）租的一個房間，月租$95元，房間內什麼都沒有。

第三天上班，面對停車場那麼多車，我一部車都不認識，經理叫我看車的錄影帶，我一句都聽不懂，但我把從臺灣帶來的領帶和骨質拆信刀，送給經理。他很高與。當時的薪水叫Draw，即車行每個月給我$600元，然後看每個月賣了多少部車，再從佣金中扣回去。他明知道我不合格，就因為我送他小禮，所以一直到三個月試用期滿的最後一天給了我一張支票說：「D.D.你賣車不合格，明天別來了。」

感謝C.C.楊先生和Jeo Diserno先生給我第一份工作，這三個月來，我像當年考聯考背地理、歷史一樣，背車的專有名詞，如power window, power steering, tilt wheel等，車的牌子如Impala, Malibu等，車的種類如二門車叫Coupe，四門車是Sedan等，對車多少有點概念了。於是坐公共汽車去舊金山旁邊Colma的Falore Buick找工作，因為有了三個月經驗，他們馬上僱用我，而且給我一部車開，那時賣車的銷售員都可以開掛Dealer牌照的車。只做了一個半月就被人以不合格請走了。因為我連pink slip（汽車身份證）這個字是什麼東西都不知道。

被Falore Buick解僱以後，就到國馬汽車公司當舊金山代表，舊金山的華人要去國馬買車，我就從舊金山把他們載到Valejo市的國馬車行交給方學璞先生，然後坐在旁邊聽方先生怎麼說。去Valejo之前，我一定把公司給我的車洗乾淨，一路上與客人談這部車的好處，因此每一部我開的Demo車都能賣掉，賣掉車我可以拿$100元，再揀一部新車開。

當我認識王長青、許琚珂夫妻時，他們把辦公室後面一小間讓給我開中國人服務中心，在世界日報上做廣告，你有任何問題都可以問，我把問題分門別類歸納，該問律師的問律師，該問會計師的問會計師，得到的回答我把它寫下來登在世界日報、遠東時報和中報（遠東時報與中報都關門了）。

有一位約紐人壽保險公司的經理Judy女士極力拉我做人壽保險，那時進紐約人壽保險公司要做性向測驗，我那時對美國的金融制度一竅不通，對問券上所問的問題完全沒有概念，當然性向也就不合格。1980年初吧！我考取人壽保險執照，第一位向我買人壽保險的是趙太太和她的兒女，從此我們成了朋友。

我住的地方除了鬧鐘以外，沒有可以響的東西（沒有電視、收音機和電話），生活得非常清苦。於是我就寫信給臺視財務部每個月向她拿車馬費的夏臺莉小姐，通了半年多的信，我問她願不願意嫁給我？她說「好」！1980年7月趙太太借給我$3,000元回去結婚，7月30日在臺灣與夏臺莉小姐結婚。我太太1981年7月5日來美國，這時我們所租住舊金山日落區Irving街生計麵包店後面一間房帶廚房、廁所的Studio，承蒙Larry毛先生幫忙，我太太進了廣東銀行，一個不會說廣東話的人被人欺侮是應該的，我太太認氣吞聲了三個月直到試用期滿合格後，立刻向家門口的美國銀行求職，第二天就辭了廣東銀行，1984年9月生小孩才辭職，在家做全職母親。

我們曾經連續4個月連$250元房租都付不出來，但生記老闆高媽媽一句話都沒說，一直到我第一本「在美生活須知」收來書中各行各業的廣告費才把欠的房租付清。

這時我辭去國馬專心賣人壽保險，但是沒有錢買車，林承芳先生把一部VW車先借給我開，等我賺了錢把VW賣給國馬，再從國馬買一部新車才把錢付清給林承芳先生（非常感念林承芳先生教我車的常識和幫助我）。

我要我弟弟買人壽保險，我弟弟問我的問題，我一個都答不上來。我弟弟說：「你什麼都不知道。我怎麼能向你買？」從此，我把大家問的問題一一記下來，第二天直上九樓顧問室問顧問這個問題要怎麼回答？那個問題要怎麼回答？證據在那裡？顧問給我這些問題的資料，我就把它譯成中文在世界日報上做廣告免費贈送（雖然是老狗年齡，但仍努力學習新把戲）。

1982年我只有12張幻燈片就在蒙得利公園市的僑教中心做人壽保險的公開演講，在華人裡做舊金山、洛杉磯、聖地牙哥、休士頓、達拉斯、波特蘭、西雅圖到紐約公開演講，我王定和是第一人。我之所以有這樣的知名度是因為我是第一個中國人為後來的中國人寫了一本「在美生活須知」，同時在舊金山、洛杉磯和紐約的世界日報上做全版廣告，為一本書這樣打廣告的，我王定和又是第一名。中國有句俗語說：「文人相輕」，但「在美生活須知」這本書得到讀書人的肯定，請看各方書評；

……有美國大學學位的人應該一讀「在美生活須知」，沒有學位的人更應該一讀。因為這本書文筆生動，深入淺出，文筆情節涵蓋哲理、觀念、解析與實施方法，還引述許多實例，並以豐富的內容，暢通的筆調（如同說話）一揮而下，對大家在美國生活極有幫助……。

汪寧清先生

一九六九年史丹弗大學電機工程博士

……近日友人送來王和先生編著「在美生活須知」一書，閱讀之後不禁拍案讚嘆，該書主人為中國人服務，集各方經驗，言簡意賅，其中對身份、居留、法律、經濟、營商、保險、房屋都有正確描述。

若在來美以前能閱讀此書，更是得益匪淺，本人居美雖說十多年以上，並打入美國社會，然此書真勝過我在美十餘年之經驗。本人願鄭重介紹，在美華人應 人手 一冊……

孫威廉醫生

一九八三年三月二十四日

華府新聞報第八版

對初到新大陸的華人，讀王定和先生的「在美生活須知」像在天涯逢到了一個知已，它會親切地為你指點迷津；對一個久住美國的老中，讀了此書，則有相見恨晚之感。此書文筆生動，取材新穎翔實，是華人在美生活、定居、創業的最佳指南。

德州州立大學休士頓城中校區圖書及視聽教育館長

張 輝先生

定和兄的大作的確是一本極實用的書，對生活在美國的僑胞，提供了完善而詳細的服務，特別是新近移民，或不諳英語的僑胞，應該仔細閱讀。

金山世界日報主任兼總編輯王繼樸先生

「在美生活須知」是一本見解獨到，理論精闢並以幽默、詼諧、暢通之筆調寫成的書。作者以中美不同的歷史文化背景做出發點深加剖析探討，為初來美國的華人提供寶貴的經驗與意見，的確是一本有價值書籍。俗云：他山之石可以攻錯與入境隨俗等觀念，實不失為居美華人生活的準則。此書為給我們條理清楚，頓開茅塞之感。

奧克蘭港口管理局業務經理陳子明先生

……即使是受我們那些位「資深」的「社會工作者」Social Worker的前輩，調教而成為（Case worker）的O. J. T.中，也從沒有那一位有如此完整而詳盡的一套可供我們參考和學習！

洛杉磯華埠服務中心，甘黃華東女士

美國甘迺迪總統John F. Kenedy說：「別問國家為你做了什麼？你為國家做了什麼？」同樣的道理，我為大家寫「在美生活須知」，因此大家願意向我買人壽保險。1983年8月我買了1972 21st Ave. 的房子。46歲才有自己的房子。這時演講的幻燈照片增加到六十張，表示知識與日俱增。

1984年初Judy女士把我們從紐約人壽保險公司轉到State Mutual of America（簡稱SMA）人壽保險公司，這一年的九月我女兒出生，同時為世界日報的世界周刊寫「王公子開講」，第一篇「權力和權利」刊出後引起大家的回響。

權力和權利

不論個人以什麼理由要住在美國，相信絕大多數有綠卡的人，一旦居留期滿可能考慮要入美國籍。沒有綠卡的人，也想盡辦法要弄張綠卡。那麼從現在開始是不是應該好好考慮一下「如何適應美國社會的生活方式」呢？

要適應美國社會的生活方式絕非一知半解就能適應。應該徹底瞭解中美兩國傳統的不同。然後才能進一步適應。中美兩國人在基本思想和行為上有什麼不同呢？關於這一點，我提出個人的觀察：

中國人「權力」至上

中國是權力統治社會。權力英文是Power, Power是絕對的，不可以質疑的，不能批評，要絕對服從的。「君教臣死，臣不敢不死。父教子死，子不敢不亡」就是權力統治最好的證明！

中國人為爭取權力不遺餘力。因為誰大誰就得聽誰的。只要官做得大，人格和學問也同時偉大起來。小的什麼都沒有。有權力就是老大，老大不必有義務。

納稅是人人應盡的義務。但有權力的人去世沒人敢調查他有多少財產。他的一切財產都不公佈。更何況抽遺產稅了，誰敢?!

美國人講求「權利」

美國人講的是權利，權利英文是Rights。Rights不是絕對的，可以質疑的，可以批評的，也可以不服從的。任何人的權力都是由大家通過以後賦予的。

有權力的人一樣要盡義務。美國總統去世以後，遺囑認證法庭（Probate Court）照樣清查並公佈他的財產並徵收遺產稅！沒有人例外！

權力與權利二種社會產生出二種互相想不通為什麼對方這麼做的國民。試舉幾個例子供大家參考：

老師說的就是標準答案

中國是權力統治，教育也是權力教育。老師說的就是標準答案。如果老師說：「人之初，狗咬豬……」考試的時候，試題問：「什麼是人之初？」學生就得答：「狗咬豬。」至於什麼狗咬豬？什麼狗不咬豬？學生是不可以問的。老師教1＋1等於2。這「2」就是標準答案。中國學生不必自己去想！

美國人是權利。老師教「人之初，狗咬豬」。學生就有權利問：「什麼樣的狗才咬豬？什麼樣的狗不咬豬？」老師就有義務回答。老師教1＋1，至於等於幾？則由學生自己去找答案。學生要有自己的想法和見解。中國人對於「吃也得吃，不吃也得吃」的讀書方式（強背死記）比老美好。一旦要他說出自己的想法和見解時，恐怕就傻了眼。 硬塞硬吃式的權力教育法，使中國人一聽要「學」就害怕，甚至就要嘔出來。在美國，凡是不想學的人，尤其不想從頭學起，要學也是找捷徑的人，注定要被淘汰或吃大虧！ 因為美國是一個快速轉變的社會。一切的一切日新月異。不論是碩士還是博士其頭銜只管五或六年。五六年之內沒有進步或停止學習就被淘汰！學，要實實在在地學。

「命令」遍走天下

中國人是一頭大，父親是家裡的皇帝，老師是學校的皇帝，老闆是伙計的皇帝。芝麻官也是人民的皇帝。皇帝是所有人的皇帝。

請想一想，你我父親、老師、老闆叫我們做事的時候是不是都是命令式的？在命令的口氣裡有沒有加個「請」字?!做完了有沒有說聲「謝謝」?!

這種一頭大的社會是不會尊重人的！中國人覺得誰要說了「請」和「謝謝」就有失身份低人一等！要是說了「對不起」就好像自己人格忽然矮了一大截，真是奇恥大辱！因此，人與人之間充滿了暴戾之氣。隨時隨地準備幹架、吵嘴或相罵！

美國人人都有權利，彼此之間就得互相尊重。不論是誰都要學會說Please, Thank you, Excuse me和稱呼別人Sir或Ma'am。人與人之間以禮相待。此外，美國人也常用May I...Would you......等禮貌字眼。

大家都說這些禮貌話，人與人之間的暴戾之氣下降。忘了誰說的「你捏著二個拳頭去找人，別人必然捏著二個拳頭等你」！

什麼樣的行為惹人反感

要尊重別人，別人才會尊重自己。自己不尊重自己，也休想別人尊重自己！

甚麼樣的行為使別人不尊重自己呢？吃自助餐，一拿一大盤子，吃不了剩下，或不喜歡吃的堆在一邊又再去拿。（老美是吃多少拿多少。） 聚餐時旁若無人大嗓門兒說話。為自己愉快而放任孩子在餐廳裡亂跑。電梯門一開不等人全出來，也不讓女士們先進，自己一頭就往電梯裏鑽。別人在櫃臺前辦事，不等別人辦完，一大家子人擁向櫃臺七嘴八舌。 在掛有「禁止入內」牌子的地方，無視於不准偏要進去（中華航空公司班機一到，在海關出口那一塊地方不准接機的人進去，但是就有人偏偏要進去。我親眼看老美海關人員以極為卑視的眼光轟這些人走。）

多了，不勝枚舉「要想別人怎樣待你，你就怎樣待人」。一個沒有禮貌而又不管別人的人，在美國社會一定遭人白眼相待。一旦遭人白眼就認為美國人歧視中國人。朋友，想想自己的臉是不是長臉？自己用的字是不是使人聽起來不舒服？自己的行為是不是惹人反感？子曰：「行有不得反求諸己。」

不願意，就說NO

中國人的權力打擊力是很殘酷的。「大」人要你做事，這個事不論對錯，不論你能不能做，更不管你願不願意做，你都不能說「不要，不行，不可以，不願意」。「不」就是「反」的意思。反還得了！在家挨大嘴巴子，在社會要被整，在官輕者丟官，重者砍頭，說不定還會滿門抄斬！

中國人明明心裡百分之百「不要，不行，不願意」。但嘴上硬是不敢說「不」，怕說了「不」以後其後果可怕！因此中國人說話要用猜、推測、察顏觀色來判斷他的唯唯諾諾或模稜兩可的話，究竟是Yes 還是No。

美國是個人獨立主義。人人都有權利拒絕不願意做的事；也有權依規章說不行。任何人只要說了No！大家就尊重他說的No。

如果你心裡不願意而又習慣性的因為不好意思拒絕而言不由衷的敷衍敷衍，把No說成Yes，這會為你招來更大的麻煩！

只要你不願意，你就直截了當的說No！美國人絕對不懂中國人說話要用猜、推測和察顏觀色這一套！

法律站在權力那一邊

「朕即天下，天下即朕」中國的法律是站在有權有勢那一方面的。我們有句俗語說：「衙門大門八字開，有理沒錢莫進來。」有權有勢的人更可以命令法官冤判、枉判，這叫做「奉命不起訴。」

當我們說：「沒有王法了嗎？」這王法指的是皇帝的法，不是大家的法。要伸冤還得遇上青天大老爺。因此，中國人對法的觀念薄弱，對去法院視為畏途，往往有冤無處訴。

一個人治社會，國家的治理是由上而下，上位者以自我為主，下位者事事都要報告，使整個社會缺乏制度與體系。尤有甚者大家都不負責。

美國是權利社會，既然人人都有權利，那麼誰的權利是對的？誰的權利又是錯的呢？於是立法規定。因此，美國的法是大家的。英文說：「Rule is rule.（規定就是規定）。」法既定，人人一體遵守沒有例外！

這種以法為基礎的社會，不但使美國人有冤有處訴，也使美國人制定完整的制度和社會體系。國家的治理是由下到上，人人對他所主管的事有權決定，亂來的人自己負法律責任！

要在美國生活，不但要有法的觀念，還要進入美國體制內。凡是自以為這麼做沒錯，心存僥倖；對法無知或不按美國體制做事的人，一旦遇上法，肯定吃不了兜著走！

生意愈做愈小

幾千年來中國人的權力觀念使中國人「寧為雞頭，勿為牛後」的思想根深蒂固。雞頭雖小是吃米的，牛後雖大是拉糞的。這種權力大於一切的觀念使中國人沒有容人的氣度，眼光短淺又變得自私自利，所有的精力幾乎都耗在爭權上！上位者鮮有為部屬夥計著想的，股東與股東之間也是為爭誰大而爭而鬥。因此，中國人的生意是愈做愈小。

當中國人說：「我有權這麼做」或「我有權這麼說」的時候，這個「權」自然而然指的是權力。如果趙、錢、孫三人各拿出相等的錢做生意。趙先生為防止別人吃錢於是提出「我太太做會計」。錢先生也要防一招於是提出「我妹妹做出納」。孫先生也說了「我小姨子做總務」。不論出納、會計和總務有沒有經驗或能力勝任，老子出錢你們就得聽！不合夥做生意還是好朋友，一合夥做生意反而成仇人。

美國人是基於有什麼權利要盡什麼義務。同時按照一定的體系去做。英文說：「Small frog in the big pond.（大池塘裡的小蛙）。」看誰跳得高！彼德、約翰、瑪麗三人合夥做生意，他們都很清楚自己的權利是什麼，如果彼德提出「我太太做會計」。那麼彼德的太太必然是做過會計，有這方面的學識和經驗，而且有能力勝任。否則，他知道提出來也是白提！股東與股東之間為事而爭論時採取Compromise（和解或折衷）或少數服從多數的方式來解決問題。

權力；「我」最大；權利：「大家」最大

當一個老美說：I have the rights to do that或是I have the rights to say that. 時，他是不是有Rights這麼做或這麼說，要大家認可，大家不認可，他說的Rights也沒有用！

除非我們把權力的觀念改為權利，我們大家的觀念才會容易溝通，才能談合作。因為權力是「我」最大！權利是「大家」最大。權力是絕對的，沒有商量餘地的，不論別人認不認可都得接受。權利不是絕對的，可以商量、和解和折衷的，甚至可以否決的！

自己的權利不被大家認可時，就得接受大家認可的權利。要從權利轉變成權力時，就要由大家通過後賦與。

在權力的觀念和心理狀態下，兩個中國人要談合作太難了。有權利的觀念，兩個人也好五個人也好就容易溝通合作。

在美國這樣工商業發達的社會裡，要資本集中才能成大事，資本集中要合作。在各行各業出人頭地後，再培養人才進入政治圈為中國人爭取利益。否則，個人有三五十萬或三五百萬又怎樣呢？在資本大吃小的社會裡，這些錢一下子就被人 打垮！

「路」是因人而異

權力統治社會猶如有汽車沒有公路。有駕照可以開，沒駕照也可以開。「路」要看人怎麼走。有權有勢的人其

「路」四通八達。不論什麼規則都可以因人而異。

一旦發生「車禍」要看是什麼人？「大」人就沒事。有「關係」、有後臺的人可以大事化小，小事化無。至於「小」人就問題嚴重了，要負「車禍」責任！

法治社會是有汽車也有公路；人人都要考取駕照才能開車；「路」是為人開的。人人都得照著既定的「路」走並遵守法規。「小」人如此，「大」人也不例外！凡不照「路」走而違反法規的人要自己負責！整個社會是以法和制度控制人的行為。

任何人都可以不遵守規則，違反規則的人不被逮到則已，一旦被逮到，輕者使人心痛——罰的錢多；其次頭痛——上法庭，付保釋金、請律師麻煩多多；重者身心都痛——關入監牢。

以上我所說的這些是以百分比多少為準的。每一個社會必然有各式各種人。任何社會有禮貌的人佔百分之九十五就是好。沒禮貌的佔百分之八十以上就是不好。百分之九十的人開車守規矩就是好，百分之九十開車的人不守規矩就是不好。

切盼大家在大池塘裡跳得高，要跳得「高」必須把權力的觀念改為權利，否則連跳都跳不起來！

〔讀者來函〕
公子開講・言之有物

編輯先生大鑒：

近日在《世界周刊》讀到《王公子開講》，首篇「權力和權利」，我細細讀了一遍，感動得無法形容。

我來美國二十年了，這是第一次讀到一篇真正言之有物、一針見血的好文章，中國人在美國自誇有學識、能刻苦、為人忠厚本份（這點是自欺欺人），可是始終得不到應有的尊重，當然白人歧視、黑人嫉恨是個主要因素；然而同是黃種人的日本人在老美心中的份量，硬是要比我們中國人高，這是事實。現在就連韓國人都比中國人更受尊重了，一般新聞報導常常強調韓國人開的蔬菜水果店裡，貨色新鮮，環境整潔，進去店裡賞心悅目，找不到一隻蚊蟲。

「人必自侮，而後人侮之」，中國人缺乏尊重他人的觀念，因為中國人本身缺乏自尊自信，從小學會只要懂得對長輩師長鞠躬假笑，一切便會平安順利，臉上假笑，心中打著自私的算盤，等到進入社會，邁向中年，中國人個個變成精明透頂的老油條了，要向他們灌輸「尊重」、「權利」等等觀念，等於對牛彈琴。

許多次我禮讓他人，對方很感謝地說：「謝謝您這麼好，您是日本人吧?!」我說我是中國人，他說：「啊！我遇見的日本人都極有禮貌，您真不像中國人。」我把家中庭園整理美觀，路人都問這家定是韓國人，我說我是中國人。他們說這裡另外也有一家中國人，寧可全家老小坐在門口大聲講話，前後院子雜草叢生，最近又從臺灣接來一大批人，熱鬧極了，聲震四鄰。

謹向王定和先生致敬！

世界日報長期讀者

中國人是最恨別人看不起他，可是他卻天天習慣成自然地做美國人看了會看不起他的「事」。如果是中國人說他「錯」，他就會對著你「破口大罵」，如果是美國人批評他「粗野無禮」，他就說美國人「種族歧視」！從不反省自己。

由於人治和專制，皇帝嘴上說：「為國為民」骨子裡為他的皇位和權力想，大小朝廷命官吃皇糧的得「升官」才能「發財」，因此大小官都為自己的官位想，沒有人為老百姓想！偶而有個好皇帝為人民想也是「人亡政息」。幾千年來中國沒出幾個好皇帝！從上到下人人都為自己想，不管別人死活，只要對我有「利」就行，中國人極端自私自利的習性就是人治和專制政體下教育出來的國民！這種自私自利的習性使美國人反感，也困住自己！

2002年65歲再看20年前在世界周刊說的話，對今天的中國同胞仍然有用！

不要再往自己臉上貼金

誠實認清自己，勇敢面對自己，然後才能贏得別人的尊重

紐約市未具姓名和留地址的讀者，您寫來的信我收到了。如果您用理性的眼光來看我的文章，相信您會快樂一點。如果您以「長他人志氣，滅自己威風」情緒性的眼光來看我的文章，您必然不會快樂。因為您認為中國人的好，像是我們是禮儀之邦，我們有勤勞節儉的美德，我們也是有頭腦的民族……我們有吳健雄、楊振寧、丁肇中、李政道等等國際知名的博士。這些我都知道，問題是禮儀、美德、有頭腦必須人人表裡一致才行。最低限度也要百分之八九十的人表裡一致，吳健雄、李政道等博士才是錦上添花。百分之八九十的人表裡不一致，吳、李等博士是雪中送炭，還是熱不起來！

我們有句俗語說：「家家有本難唸的經」，這意思是說每一家都有自己的問題和困難。「龍生龍，鳳生鳳，老鼠生的兒子會打洞」這句諺語是說什麼樣的家庭教出什麼樣的人。為鼓勵人人進取，又有一句俗語說：「將相本無種，男兒當自強」。

一個家裡的任何人都代表這個家。如果我有惡劣言行，大家的語氣是這樣的「王定和粗言粗語，行為下流，你少跟他來往！」「你看王定和那副德性！我看他爹娘也

好不到那兒去！」「你不看看他爹娘是什麼人，還會教出有出息的兒女！」

國，是由許許多多的家庭組成的。因此，「國國有本難唸的經」。每一個國家的政權不同，社會不同。因此，什麼樣的社會產生出什麼樣的人民。

任何一個家庭的成員，親戚鄰里願不願意與他來往，決定於此人的言行。一個國家的國民對另一個國家的人來說，他代表其國。中國人住在美國，美國人只看中國人的言行符不符合美國社會言行的模式，而後決定自己對中國人的觀念是好是壞。

任何一個家族（也許三五十人，也許三五百人）出了一個舉世聞名的人物，並不代表此一家族都是了不起的人。任何一個國家出了幾個美國培植出來的科學家，也不代表這個國家的人民都是優秀的。要被美國人民看重，必須全體都有水準以上的演出！

德國在第二次世界大戰結束的時候，真是國窮才盡。國窮是因為打仗，才盡是因為科學家被美蘇二國擄到自己國家去了。但不到二十年，德國人從國窮才盡中站起來，再度成為西歐強國！這是全體演出成功！

日本，一個什麼資源都沒有的小國，竟敢對中、美、英、澳大國開戰。其敗的之慘，尤甚德國。四十年後的今天，美國仍然被日本的電視機、音響、汽車、電腦、鋼鐵打得招架不住！美國人不念舊惡，竟然倒過來向日本人學習，這是日本舉國上下演出成功！

以色列的土地面積只有三萬四千平方公里（比臺灣還小二千平方公里）。人口只有三百二十萬，四周都是要消滅她的回教國家，還有與她不共戴天之仇的巴勒斯坦游擊隊時時與她拼命。

論土地、論人口，一個埃及就大過她幾十倍！但是以色列人毫無懼色，在三次中東戰爭中，三戰三勝！以色列人憑什麼跟八個國家打?!每次都打贏？

當以色列與鄰國戰起時，全球猶太人有錢出錢，有力出力。美籍、德籍、法籍猶太人紛紛向住在國公司請假或辭職，儘快搭機飛回以色列向國防部報到，然後全身被掛開赴前線。

最使我折服的是，他們不是以色列籍，他們根本不必回以色列為以色列打仗。但是他們知道自已是猶太人，他們是志願回以色列上前線抵禦敵人而視死如歸。

當第三次中東戰爭結束後，以色列大學有六位教授在前線陣亡。以色列政府說：「沒有國家就沒有這六位教授。」國家，幾乎所有的以色列人不分男女都願為國犧牲。

一九七六年六月，暴徒劫持了法國航空公司的班機降落在非洲烏干達國的恩德比機場，並扣留了所有的以色列人質。

以色列突擊隊做了二千五百里長程飛行，在九十分鐘內突擊恩德比機場救回全部人質。以色列突擊隊司令官約尼．尼坦雅胡中校當場背部中彈陣亡。約尼為美籍猶太人，在賓夕凡尼亞大學教猶太史，為以色列捐軀時才三十一歲！

以色列人的所作所為就是「求人不如求已」。他們沒有口號，沒有高調，沒有表裡不一，也沒有逃避自己應盡的責任。因此，他們贏得全球人士的讚佩，也贏得很多國家的友誼與幫助。德國為了與以色列建交而與其他八個阿拉伯國家斷交！

要別人尊敬，要靠自己做出來的是不是讓別人尊敬。光說不做，窮喊口號，猛往臉上貼金，即使喊啞嗓子，臉上貼金貼成金磚也沒有用！別人認為那是滑稽，絕不會心生尊敬！

一九七〇年三月，以色列空軍副總司令耶魯汗・阿米素說：「假如以色列是一個無法保衛自己的民族。那麼，她就不再有存在的意義。我們被迫不惜付出更高的代價，去換取更多的自由。」

「我們為了維護人道主義的殿堂（The Temple of Humanity），我們寧可犧牲家庭中的成員，也不願自貶身價，向罪惡屈服。」

「在敵人鐵蹄下求取生存或苟延殘喘，那並不是我們所需求的。我們要在自己的意願下，走向自己的安樂天堂。假如我們出賣自己的良知去換取生命的延續。那麼，不管你是那一種民族的人，都會變得一文不值！」

以色列人的所做所為給了我很大的啟示——人必自重而後人重之，人必自強而後人助之。個人如此，國家亦不例外！

美國人會小看、輕看猶太人嗎？

美國從一七七六年建國迄今，只有二百二十六年的歷史。猶太人來到美國不知道有多少年，但是中國人來到美國已經有百年左右了。今天猶太人在美國所把持的經濟和政治地位是他們全體合作演出的結果。中國人是個人演出，個人演出成功並不代表全體演出成功！

我不必長他人志氣，因為人家已經很有志氣了；我也不必滅自己威風，因為自己實在沒有威風可滅！

你對別人說：「敬請批評指教」的時候，別人心裡明白的很——不可以說實話。要撿好聽的說，所以您聽慣了順耳的話。我是正好相反，我永遠都是說實話，真是江山易改，本性難移，敬請多多包涵。

美國人當面批判你的「錯」或執行公權力他就是「種族歧視」嗎?!

某年六月十五日，星期五，洛杉磯世界日報地方綜合版頭條刊出「華裔受警察侮辱事件又添一樁！」詳讀內容後，深知這又是一件中美兩國人因為處事不同而起的誤解，並導致林×琴女士後來的受辱。

在加州考駕照筆試，有一題問「行車速度六十哩，應該距前面的車多少呎？」。在高速公路上為防止反應時間不夠而發生追撞，所以車與車之間一定要保持相當的距離，一旦你開車距離前車太近就犯了Tail Gating，要吃罰單的。林×琴女士正犯的是這一條。據林女士自己的陳述說：「一名白人警員開警燈並示意我出去。」，只要警車在你車後面閃起警燈，在內線快速道，你得立刻換線讓警車通過。你換了線，警車也換線並在你車後閃起警燈，那就是你得轉線並停於路邊，汽車熄火，雙手扶在方向盤上，等候警察前來問話，警察叫你怎麼做，你就怎麼做，不可以跟警察爭論。警察叫你在罰單上簽名，絕對不可以拒簽，拿到罰單心中不服可以上法庭做無罪（Not guilty）申訴。服了，就繳罰款並上交通課取消記錄（十八個月一次），不使自己的汽車保費增高。

絕大多數的美國人遵循此一規則。如果林女士也遵循此一規則，在罰單上簽字收下罰單，到此為止警察和林女士之間沒有「誤解」。

但是警車在林女士後面閃起警示燈後，林女士說：「我原以為是警察要我讓道，或是向別人示意，並覺得自己沒有犯規，而猶豫了一下。但發現這名警察正在背後拼命地叫罵，我覺得警察是針對我，因而趕緊將車開到路旁的緊急停車道停下。」

警車在你車後閃起警燈，就是向你示意，只有你知道，你前面一部車絕對不知道，但是林女士「以為……。」，「並覺得……。」而不停車，這使美國警察「認為他是故意的」，所以在背後拼命地叫罵。

這時她才警覺到是針對她，趕緊把車停到路邊，為時已晚，因為惹火了警察。所以警察「氣沖沖的嚷嚷要狠狠地罰她（Big fine）」。如果林女士鎮靜而誠懇的向警察道歉，請他不要生氣，並解釋自己不是故意不停車的原因，警察氣歸氣，罰單照開，事情到此也就是這樣了。但是林女士的後續動作犯了不聽警察命令的大忌。林女士說：「我交出駕駛執照，汽車牌照等資料讓警察抄寫時，覺得我將車停得太靠近車道，便上車想將車駕駛到遠離車道的地方，但我剛停好時，警察馬上走上前將我全身搜查，將汽車全部翻搜一遍，並將汽車鎖匙拿走。」

這時你是「犯法的人」，汽車熄火，兩手放在方向盤上等候警察的處置。

林女士「覺得……」自作主張把車開走，這個動作傷了警察的「自重感」－－你根本不把我放在眼裡，再來他直覺反應你要「逃」或是車裡有「鎗」或「毒品」，所以搜林女士的身和車內。《關於這一點請看洛杉磯地區星期六，晚八至九點FOX電視臺的「COPS」節目，你一定有概念》。

林女士應該向警察說明：「車停得太靠近行車道，很危險」，並請求；「可不可以把車開到裡面一點？」警察說：「可以」，再開；警察說：「不行」，停在那兒別動。

林女士沒有問就把車開走，招致警察的「誤解」。

身和車都搜了，汽車鎖匙也拿走了，坐在車裡等拿到罰單再說吧！事情到此還不致於惡化。但是林女士說：「由於我從未經歷過這一場面，便想打電話向夫婿求助。當我跑到高速公路上的電話打電話時，這位警察一手將我拉住，把我推倒在地上，然後反手將我銬起來。」林女士這一個突然跑上高速公路要打電話的行動，警察立即的反應是「她逃了」（關於這一點請看洛杉磯某一個電視臺Highway Patrol節目，你一定有概念）。於是不加思考的「追」，追上以後就是按倒銬手銬，這是一連串的動作。到此，事情真正惡化。

林女士被警察逮到拘留所以後的事，我沒有資格評論誰是誰非，那是法官的職責。我唯一想跟大家談談的是「好漢不吃眼前虧」，一旦「吃了眼前虧」就說這是「種族歧視」，「華裔受辱」，是這樣的嗎？

六、七年前有位仁兄帶著叉燒上了紐約地鐵車內就吃起來，旁邊老美予以制止，這位仁兄認為老美干涉他的「只要我高興，有什麼不可以」而吵起來。於是老美把地鐵警察找來，地鐵警察立刻開出一張罰單給這位仁兄制裁他！

這位仁兄告到紐約中華會館說美國警察「種族歧視」，中華會館一問才知道「紐約地鐵車內禁止吃喝，違規者受罰，警察開出的罰單是罰他在地鐵車內吃叉燒」！

為了「好漢不吃眼前虧」，要多學，多問，多看美國人處事的方法。千萬不可以「我以為……」，「我覺得……」，「我高興……」，如果這樣，一旦「好漢吃了眼前虧」，後面的事就很難說了。

2002年在洛杉磯看臺灣TVBS新聞報導，喝醉酒的人開車被警察檢驗，他居然坐在車裡不理警察，雙方僵持兩、三個小時；也有人跟警察大吵大鬧就是不上警車；還有人威脅警察，「有一天我有了鎗就……（對著警察比開鎗手勢），然後坐計程車走了。多了，多了，幾乎天天都有，臺灣的警察實在是窩囊廢！」

在美國，你敢這樣對警察，警察當場給你上手拷告你酒醉駕車（DUI）之外，再加拒捕（Resistance）和妨礙執法（Obseruction of Justice），你慘囉！

當個實質的「美國」人

拿了綠卡入了籍，不要存著「和尚敲鐘」閉關心態過日子。否則，人家把你當怪物；結果你眼中也把人們都看成了怪物多悲哀。

美國移民局發的綠卡只准許一個外國人可以長期居住在美國，並在美國謀生，入籍證明是美國政府承認外國人可以入籍美國，而成為美國公民。

如果自己不承認自己屬於美國，是以一種「異域作客」，「流落國外」或「只要賺到美國錢就回國光宗耀祖」的心態住在美國，必然與美國環境和美國人格格不入，甚至與下一代也無法溝通，綠卡和入籍證明又代表什麼呢？ 中國有句俗語說：「做一天和尚撞一天鐘」。就算當和尚，也絕不是只要剃光了頭，就可以住到寺廟裡那麼簡單，也有很多事要學吧?!

舊金山北邊開車三小時，有一個地方叫做UKIAH，這裡是萬佛城的所在地，在這裡出家的藍眼黃髮的美國和尚和尼姑用國語唸經、唱經，也能說流利的國語。因為萬佛城的主持是宣化法師，宣化法師是中國人，而且只會說國語，宣化法師幾位弟子更可以看中文印的經文，宣化法師用國語講經，其弟子當場譯成英文。

他們的身份是和尚和尼姑，他們的實質也是和尚和尼姑。他們不但在他們所處的那個環境與人彼此建立起關係，與萬佛城外的善男信女也建立起深厚的關係。

如果這些和尚和尼姑不承認自己屬於萬佛城，是以一種「經濟不好，等經濟情況好了就立刻還俗」，「我丈夫回心轉意了我就回家」的心態住在萬佛城，那就是身份上來說他們是和尚和尼姑，實質上他們不是和尚或尼姑。他們不但無法適應萬佛城的環境，也難與他人建立起關係，更不可能得到城外善男信女的支持！

同樣的道理，身份是美國人，實質上根本不屬於這個社會，那張綠卡或入籍證明只是一份文件而已。凡是實質上不屬於美國的，往往把美國人當怪物看，美國人也把他當怪物看，其結果是美國人還是美國人，他自己卻覺得身心痛苦不堪！ 既然拿了綠卡移民美國，也宣誓入了美國籍，就應該謀求身份與實質合一。

1984年6月我在舊金山移民局大禮堂宣誓成為美國公民，我宣的誓在英文裡是Oath。這是神對人的誓言，也就是神不會騙人，所以Oath的誓言是神聖的。

任何人在入美國籍的時候，舉手宣誓時可以「口是心非」，「表裡不一」把Oath的誓言當成屁，但是我，王定和從1984年6月發Oath誓言成為美國公民以後，我就是美國人了，不論美國政府是對還是錯，只要美國與中國開戰，本人必定加入美軍對抗中國！

排除「心裡障礙」

我們從一個被壓得緊緊的社會來到一個開放而轉變快速的社會，首先面臨的是我們自己的「心理障礙」造成我們適應困難。如果我們瞭解自己心理障礙的起因，進而也瞭解美國開放社會的各種情況，要知其然以後才能排除心理障礙，然後才能與美國人相處，你說是不是？那些「心理障礙」要儘快排除，我個人的看法是——

首先要排除「當時、當面該講不講，該爭不爭，事後可有的講了」這種習性。

在美國，任何人都可以有意見、有批評，甚至對總統不滿時，民間也可以把總統畫成卡通人物或漫畫予以諷刺、挖苦或不敬。因為總統是公僕，公僕得為大家做事，拿大家的錢（稅）而不為大家把事做好，當然會受到大家的諷刺、挖苦和指責。美國的「人人」是連總統也不例外！因此，美國人覺得不公平、有意見時，是當場、當面提出的。美國人從小學到的是「利從口出」！

如果你在老美公司做事，該說就說，有意見就提出來，做了事就讓大家知道是你做的！這樣老美才會認為你是一個有用的人。

有話不講，有屁不放，看不順眼也悶著，做了事也不吭聲，有好意見存在肚子裡深怕會「禍從口出」。老美會認為公司多你這樣一個人和少你這樣一個人也沒什麼道理，也沒什麼損失，經濟不好或不賺錢時公司裁員，你閣下必然優先上榜！

要把「禍從口出」的心理障礙改成「利從口出」的習慣。

其次要排除「『農夫』不懂耕種，卻請人畫『大餅』表示豐收——嚴重表裡不一」的習性。

美國是一個高度「有錢（奶）就是娘」的工商文明社會。只要給夠錢，別說教美國漫畫家畫一套「李表哥」，就是畫一百套他也照畫！漫畫的形象改變不了事實的形象，「形象」是做出來的，如同農夫真的懂耕種才培養出優秀的農作物，因而受各界讚賞，不是畫出來的！

如果你真想在美國生活，從現在開始以墾荒精神確實一步一步按美國方式耕種，千萬不要「畫餅」。只有真的「懂」才有面子，因為真「懂」，做出來教老美沒話說，你才更有面子！如果只會對老美說「我們有五千年歷史文化……」這類「畫」出來的話，放心，老美絕不會對「畫」出來的「形象」肅然起敬！

從前，有位江先生，四十七歲，高工二年級學歷，二十六個英文字母沒有問題，但要把二十六個字母拼起來說、聽、寫，就大大困難。他會一點鉛管工作，我幫他做翻譯找到老美做學徒，他什麼都做，而且很勤奮的認字記名稱，不但如此，他做起工來總不投機取巧，價錢絕不欺瞞顧客，三年下來也考取了執照。現在是江老闆。

如今老美「大家告訴大家」，他在老美顧客中建立起了他的形象。

羨慕他嗎？不必，中國不是有「臨淵羨魚，不如退而結網」的成語嗎？結網固然費工夫，不結網又那能撈「魚」呢？

最後要排除「『纏足』太久，『跑』不快」的習性。

我們教育最大的特色是考試，這種考試制度如同硬把人的「腦」當過去女人的「腳」來纏。非把「大腦」纏成「小腦」不可！

美國的教育卻是激發人的大腦，凡是用大腦的人都會思考，對問題深入研究，懂得做計畫，聽忠言也聽意見，用人才，黑的就是黑的，白的就是白的，在其位就得負責謀其政，不敢為私利而不顧公益，否則後果嚴重，用理智分析和解決問題，尊重自己也尊重別人，因而造成一種制度社會。

任何人要在美國生活就非得用大腦不可。「大腦」如同天足，跑得快，改變的快；用「小腦」如同小腳，在一個競爭的社會中永遠會很痛苦的遠遠落在人後！

在一個都是「天足女人」的國家裡，那些「小腳女人」不但被孤立，還被嘲弄和譏笑！

常言說：「家家有本難唸的經」，同樣的「國國也有本難唸的經」，任何一個國家的政府有系統的把眾人之事管好就是「政」，而管理眾人之事的人是拿大家的錢（稅），因此就得處理和解決大家的問題，這就是「治」。政府有系統的管，政府官員在其位而謀其政負其責，這個國家才會政治穩定。

一個國家的政府沒有系統，沒有制度的管理眾人之事，其政府官員就在其位而不謀其政，也不負其責，則這個國家的政治就不穩定。

任何人在政治不穩定的社會裡生活，就非得學會許多「壞習慣」不可，這種壞習慣你我都可以一籮筐一籮筐的罵。一旦移民到一個政治穩定的社會，這些「壞習慣」毫無用處！誰要使出來只有自己倒楣！

如果你真的要留在美國生活，那麼從現在起應該學會「當時、當場、當面以理提出你的意見和看法」，更要瞭解「『形象』是實實在在地做出來的，不是『話』出來的」！隨時隨地用「大腦思考，觀察美國人是非對錯的標準，虛心求教多問多學，而不是用小腦去耍些小聰明」。

乖兒子四不像

中國有些把人比做動物的諺語，諸如：「虎父無犬子」、「龍生，鳳生鳳，老鼠生的兒子會打洞」，「三虎必有一豹」（三個兒子中必有一個與別的大大不同），「吃肉的天生吃肉，吃草的天生吃草」等。由此可見，人類裡也有豺、狼、虎、豹，牛、羊、 雞、犬……。

俗語又說：「三歲看大，五歲看老」，這是指一個人的個性，你的兒女是「豹」是「羊」他們成長到某一個年齡時，為人父母的應該看得很清楚了。是「豹」有豹的教法，是「牛」有牛的教法。如果你對「豹」說：「你看，牛吃草長那麼大，你為什麼不吃草?!」反過來對牛說：「你看，豹子吃肉才那麼強，你也得吃肉！」這種把「豹」當牛，把「牛」當豹的教法最後會教成「四不像」！

美國是一片「草原」，在這片「草原」上住著各種「豺、狼、虎、豹、牛、羊、雞、犬……」等等動物，為了使這些動物不造成混亂和互相殘殺，還能把本領使出來，他們發明「法」和「民主」。「法」就是派人拿著鎗監管這些動物——不准「狼」吃「羊」，也不准「鷹」抓「雞」。

雖然如此，「執法的人」還是無法根絕「虎」吃「羊」，「鷹」抓「雞」。因此，舊金山警察局用中文印發「個人安全指南」。此外，電視廣告也教孩子「有任何大人對你猥褻，你就要告訴父母和老師」，「有人教你嘗試毒品Drug，你就要說No！」，「開車旁邊的那個人拉你上車，你就要向相反的方向跑」……如果你仍執著於把你的孩子再教或揍成乖乖「貓」，那他（她）在美國這片草原上很可能不是吃一輩子「草」，就是被「虎」吃的「羊」！

朋友，從現在開始，不論你的子女是「虎」是「羊」，你都得先教他們如何提高警覺保護自己；躲開危險及高聲呼救。小虎小羊不會保護自己，只教他們「好乖好乖」，在美國是不管用的！

灣區柏克來市有臺灣來的陳、嚴兩位女孩被一黑人所殺，看了世界日報的報導我哭了，我是為我們的教育而哭——痛哭！因為我們的教育只教乖、聽話和讀死書參加聯考，除此以外就什麼都不必教，也什麼都不必學，在這種環境裡長大的人，恕我說一句很武斷而又極不中聽的話，「有相當高比例的人不但心智不成熟，還很情緒化。尤其糟糕的是一旦遇事缺乏應變的能力！」如果你認為我說這話過份，請把十八歲的美國男女孩子和十八歲臺灣來的男女孩子做一比較，你就瞭解他們理性化、獨立性、警覺心和應變能力比我們的孩子強的多。

就陳、嚴二位女孩被黑人所殺一事，我問過十位美國白人女孩：

1. 你的父母很有錢，他們會不會給你買很貴的新車？一位說會，七位說不會，二位說寧可自己賺錢自己買。

2. 妳會不會每天讓你的黑人同學搭妳的車上學？
十位女孩都說No！

3. 如果黑人同學搭你便車上學，而妳的皮包丟了，你確定是這個黑人同學偷的，妳採取什麼行動？
八位說報警，有二位說皮包裡沒什麼錢就算了，信用卡則立刻向銀行掛失。

4. 黑人同學要妳去他家拿回皮包，妳會不會去？
七位說No！要去也要隨同警察去，一位說請男朋友陪去．兩位說教他送到學校。

如果你真是為了下一代教育才不得不留在美國，那麼請你先睜大眼睛學習理性化、獨立性、警覺心和應變能力。

你看不看「Wild, Wild Animal野生動物」這個節目？強獸如狼、虎、獅、豹都教他們的子女如何逮到弱者來充饑；弱者如鼠、免等則教他們的子女提高警覺，一有風吹草動立刻逃竄。反應慢半拍，逃得慢一秒就成為強者的大餐。你仔細想想人的社會是不是也有這種情況？只是表現的方式不同罷了！

連你自己都不學理性化、獨立性，也沒有警覺心和應變能力，你如何期望教你的孩子有這些呢？

我的女兒並沒有跟我簽合約說，非生在我家不可！既然她生在我家，我就要對她負責——我學！因為我學了，我才知道一九四五年開始美國人節育，現在每三個人所繳的「社會安全」養老金要養一個老人，等我女兒長大，她在高稅率、通貨膨脹和高生活消費下，想過一個中等生活，她必須要更具有謀生的本領。為了培養她與別人競爭生存的本領，我先學習理性化、獨立性，對付與解決困難，表現自己等，我先學了才能教她。其次，在培養她與別人競爭生存的過程中要花心血和錢的，於是我做了男人節育結紮手術。她，來到我家，是我對她負責，不是她對我負責！

該學的我盡己所能的去學；該教的我盡己所能去教；該做的我盡己所能的做了，我對我的女兒沒有遺憾。待她長大由她自己決定她生活的方式。

看看「Wild, Wild Animal」這個節目吧！看久了，你或許會從中得到一些啟示。

你們移民到美國，住在中國人住的那一區，吃中國飯，說中國話，看中文報，租中國錄影帶，但是卻大言不慚的說：「我們都是為了子女的教育才來美國的」，言下之意是為子女做了非常大的犧牲。

事實上，你們移民美國以後，你們不要學，不想學，也不願意學，只好住到中國人住的那一區一切「照舊」。因此，你們的子女被你們犧牲了！

他們去學校以後也是跟說同種話的中國孩子在一起，結果是中文沒學好，英文也沒有程度，以後是美國三流或四流的人。

如果你們真的是「為子女的教育犧牲的人」，你們應該住到美國人住的地方，你們要跟孩子一起學，一起成長，那才是為「兒女犧牲」！

掌握今天，不愁明天

濟公說：「今日不知明日事，愁什麼？」不要說不知明天會發生什麼事，這個世界幾十億人裡，也沒有幾個人會知道下一分鐘會發生什麼事，但是在美國這樣有制度和體系的社會裡，「明天」要付房租、要付每個月房子的Payment、汽車的分期付款、水費、電費、電話費、信用卡費……這是固定要發生的事。付得出當然過關，付不出就一切全完！

基本上，美國是一個任何人受到痛苦就要有補償的社會，不是一個自認倒楣，更不是「他現在這麼慘，欠我的錢算了」的社會！為了不使你自己和你的家人明天墮入付不出這個費那個費「愁雲慘霧」的境界，你今天就要切實弄清楚有沒有汽車保險？房子火險和地震險？生意火險和責任險？醫藥保險？殘障時還有收入保險？任何一種保險沒有，一旦今天發生事故，你明天就知道「愁什麼」了！

美國是一個極為現實的社會，用的著你的時候，你就是「爹」，用不著你的時候，你就如一條流浪街頭的狗，只有挨踢的份！

俗語說「長江後浪推前浪」，這句話在中國是「長江後浪推不動前浪」。在美國，「密西西比河的新式後浪猛推老式前浪」，要是「前浪」不讓「後浪」推，「前浪」

就要把自己在各方面－－知識、經驗、人際關係等修練得成為磐石。如果不能把自己修練得成為磐石，至少要把自己修練得能應變。這個「變」就是「大丈夫能屈能伸」，「狡兔還有一窟」（另有副業或還有一技在身），永遠要防著被踢。今日不防被踢，一旦明日人到中年被踢就知道「愁什麼」了！

俗話說「不聽老人言，吃虧在眼前」。但是「老人」是吃過很多虧，上過許多當以後才變得「睿智」的，這種睿智是教你我「少說話多做事」，「不要得罪人」等「免惹禍上身」的「道理」，以及如何「走門路」、「拉關係」等指點迷津，或是自己摸索出來做人處事的方法。但是在美國這樣高度工商業和科技文明的社會裡，先立下制度和體系。因此美國的「老人」是指專家或者做這種事的人而言。「不聽專家話，鐵定吃虧在眼前」！

買房子，買船，作生意之前要先請教專家，買房子要先找估價及驗屋人員，你才知道這棟房子值多少錢及有沒有缺陷能不能買？買船要找驗船師，買生意要先找律師看合約。估價師、驗屋師、驗船師和律師等都是專家，專家是花了學費和時間學出來的，靠「專」收費謀生，英文說「沒有白吃的午餐There's no free lunch」，所以請教這些專家是要付錢的。 中國人不是花大錢就是東一頭西一頭的到處打聽，就是不肯花點小錢聽專家的 話——肯花一千萬去買船，而不肯花三、五千元請驗船師檢驗，等船出了事才急得亂跳，到處問人「有什麼門路?!有什麼辦法?!」

一千萬大錢都捨得花，還在乎那三、五千元驗船費嗎？驗船師收你三五千元向你負責的，他做出來的報告，你一看就知道這條船不能買，你省了九百九十九萬五千或七千元，這筆錢在銀行裡一個月的利息夠你付十次八次驗船師的費用了！

今天不聽，也不請教美國「老人」（專家），更捨不得花一點小錢付專家請教費，明天就知道「愁什麼」了！

實例：

有人買個Motel只聽經紀人說得天花亂墮，買了以後才發現因為地震使這家Motel要花很多錢修理，於是「愁起來」了！

只要請驗屋師來檢驗一下，也不過幾百元，小錢不花，大錢花得更兇更冤！

張先生家的屋頂該換了，找來幾家換屋頂的老美來估價·從估價單上學到幾個「專有名詞」，這「專有名詞」究竟是怎麼一回事，我敢斷言他絕對不知道，也就用這幾個專有名詞表示他很內行，來與換屋頂的人討價還價，深怕別人賺了錢，結果沒有人理他！因為：

換屋頂的人只賺工錢，工錢要有一定的利潤他們才能生活，沒有這個利潤他們就不接受。因此，要換屋頂只要提出「工作要好，也要付得起Good job and affordable price」就行了。

偏偏張先生以為自已是某一行的Ph, D（博士）就每一行都是Ph, D，外行硬充內行的結果是拖到雨季，屋頂嚴重漏水而把家裡弄得一塌糊塗。這個時候裡外都要花更多錢！

今天以為自己樣樣能的人，明天就會嚐到「愁滋味兒」！因為英語說：「如果你什麼都懂，你就什麼都不懂If you know everything，you know nothing！」美國是一個分工極細的社會，一個小小的牙竟然有七種牙醫！如果你不信，你到蒙特利公園市Monterey Park嘉偉綜合牙醫診所去找張可冀大夫給你看牙週病，他會請診所內另一位大夫給你治，嘉偉牙科內就有六、七位牙醫，每人專治小小的牙的一部份！

常言說：「在家靠父母，出門靠朋友」這種話在一個沒有制度也沒有體系的社會裡行得通，在美國是行不通的呀！誰要認為行得通，誰就自己發愁！

我向你借二萬，「出門靠朋友嘛」，我還不出來的時候，你能拿我怎麼樣?!倒過來，你向我借二萬，行！把你的房子簽一張Collateral言明年利率百分之幾，多久要還，送進Escrow登記做為第二抵押貸款，一旦你還不出來，根據此一Collateral我還是可以把錢拿回來的！借錢給你笑臉一句話「行！」要錢時就反臉也是一句話「沒有看著辦！」既然結局都是一樣，你向我借錢就得簽張Collateral。今天不好意思，明天就知道「愁什麼」了！

任何人只要知道「今天的事」是怎麼回事，怎麼處理，怎麼解決，不必為明天「核子大戰發生怎麼辦？」「加州地震會把整個加州陷到海底去了！」這種事而杞人憂天吧！你說呢?!

照美國牌理出牌

話說丁先生買了一部新車，發現鬆油門以後車不減速，繼續向前衝。他送回車行，車行人員告訴他沒有問題，他認為有問題，因為車行經理語氣不佳，惹得他「老子不要了！」

「老子不要了！」之前，丁先生曾請問一位朋友，那位朋友再介紹他問一位賣車的朋友，那位賣車的Sales告訴他「到銀行止付頭款就行了。」丁先生聽了他的話，真的去銀行辦止付了。

就在丁先生止付支票的第二天，我到他家，他問我這件事，我告訴他「你死囉！」

第一，這部車不是為你一個人造的，這種車是為住在全美國的美國人造的，生產線上生產出來的車沒有百分之百十全十美的。好車如BENZ可能有百分之一的車有瑕疵，差一點的車可能有百分之三或百分之五的車有瑕疵，有的瑕疵是嚴重的，有的瑕疵只要調整一下就好。

第二，你在買車所有的文件上都簽了名，車行在你車窗上也貼了加州監理所DMV的臨時牌照，這部車開出車行大門那怕只有一哩，你再送回車行就是舊車Used Car了，何況你開了四天。

第三，這部車你付的是20％頭款，以後每個月你還要分期付款。因此，這部車你只有使用權，其財產權屬於汽車公司或銀行的。你不付錢，車公司或銀行就把這部車拖回REPO，然後把你的大名、社會安全卡號碼Social Security No.和你家的地址通知全美國最大的信用查證公司TRW，你的信用就被列入壞信用Bad Credit欄內，紀錄至少保留七年，其後果是；

十四年之內你休想分期付款買車！也休想向銀行借錢！休想分期付款買東西！你不是「死囉」是什麼?!正規的做法是：

第一，找高段有經驗的中國修車技術人員Mechanic把油門調低一點，美國的Mechanic是壞了就換新的，至於修一下、調一下只有中國人才有這種技術。如果不是油門快慢的問題——

第二，送回車行修理，每一次都要拿單據，根據加州檸檬車法案Lemon car，同一毛病一年之內送回車行修三次就可以要求退車還錢或換車。

第三，車行當然不那麼容易就範，那麼請律師發信給車行，車行是做生意的，他們也知道「法」，那時他們一定會理你。

第四，找公證人試車，他證實此車鬆油門不減速，一旦出車禍，就請專打車禍和傷害官司律師告車行，也告製造公司。

兄弟，在美國千萬不可以情緒化來「老子不要了」這

一 套！車行有錢，美國人有辦法治他，一旦你「老子不要了」，原告變成被告，情緒發洩一下至少害你十四年！

從這件事裡我們再來討論一下；

中國人不按美國牌理出牌，舉例，一旦發生車禍，美國人雙方下車得來，互換駕照、電話號碼和保險公司。而不是比誰兇、誰狠、誰聲音大。

習慣成自然，還記得四、五年前吧！一位中國同胞在紐約跟一個黑人警衛發生車禍，敞國同胞回到車上拿了一把餐刀，黑人警衛抽出警棒當場把這名中國人打死。此黑人警衛被陪審團判無罪，理由是「正當防衛」。

同樣的道理，中國人不按美國方式辦事和解決問題，你又如何期望美國人對你肅然起敬?!美國人買車都知道要辦好一切該辦的手續，如果「老子開二十四張支票，每個月你們兌現一張」，這種幹法如何能讓老美接受?!又如何能讓老美和顏悅色的向你解釋這在美國行不通?!對你這樣不照美國方式辦事的人，美國人會對你態度好？才怪！

中國人對中國人因為語言沒有問題，儘管舌劍唇槍！一旦遇上老美就變成語言殘障Language Handicap，老美吃住這一點，往往態度一壞就把老中嚇住了（老美對老美試試，少來！），咦！很有效，下次他照樣會用。

我們本來就不是一個「顧客至上」、「以服務為目的」的社會，現在看老美這樣兇巴巴的對老中，就更有樣學樣了。唉！王公子長嘆一聲「我們學老美社會裡的壞，學的真快，不但快，還往往青出於藍勝於藍。」

朋友，你仔細看看老美怎麼對老美的——不論是真是假，是誠心還是假意，雙方都是客客氣氣的。再說我們都是移民，不可能對每一件事都弄得很清楚。因此，希望也切盼所有的專業人員，尤其是賣車的Sales、保險的Agent、房地產經紀和貸款經紀應以專業知識耐心的為客戶解說，學學人家好的那一面。

教丁先生「去銀行辦支票止付」的那位先生請聽仔細；

你信口開河一句話，毫無疑問地是教丁先生「搬石頭砸自己腳」，把他自己砸成「殘廢」，於情於理你良心何在？知之為知之，不知為不知，阿彌陀佛，善哉！善哉！要理性，切不可情緒化，阿門！

「有軌電車」的社會

有一種很奇怪的社會，生活在這種奇怪社會裡的人都得自己駕駛「無軌電車」，開無軌電車的人能不能在亂中開過去，要看他的背景、關係和後臺。有背景、有關係和有後臺的人，明明是「No」開不過去的，可以變成「Yes」開過去，分明是「黑」的卻可以變成「白」的。而沒有背景，也沒有關係和後臺的人，不論有多大本事，明明是「Yes」可以開過去的卻變成「No」開不過去！分明是「白」的，結果卻是「黑」的。

這種社會教育和壓抑出許許多多不得不自認為自己「很聰明」的人。而這些聰明人一旦移民到一個人人得「搭乘有軌電車」的社會，對於自己「開」慣了無軌電車，很自然的把「搭乘有軌電車」的人當笨蛋看！如果你要知道「搭乘有軌電車」的老美是不是真的笨蛋而要比出一個高下，貴閣下儘管拿出你「聰明」的本事來！

欠任何一種醫生或醫院的錢，老子下次不找你看病了，不去你們醫院啦！當然欠錢也不還囉！兩個月房租沒付，趁房東不在搬走了；反正要從紐約到加州，電話猛打，到時候屁股一拍走了，你到那裡去找我要電話錢？嘿！嘿！銀行的錢借到手可以，是你們心甘情願給我的，要我還錢是門兒都沒有！誰讓你們百貨公司給我信用卡，買東西可以，要還錢免談！，你真有佔便宜的聰明本事！

老美把貴閣下的這些「英明傑作」交給討債公司（Collect Co.），討債公司會用各種辦法追著你要，就算你連本帶利都還清了，他們一樣把你這種欠債不還的紀錄打入信用報告（Credit Report）裡NEG欄內，這個紀錄保留七年。日後隨便你向銀行、儲貸會，買車分期付款借錢時，他們一查你紀錄，你一個錢都借不到！

在美國，要是不能用銀行的錢，你買什麼都得用現金，這正應了中國人「聰明反被聰明誤」的諺語——貪小便宜吃大虧！

如果你認為「這個月沒付，下個月一起付還不是一樣，又不欠你們錢」，完了，你的「以為」不但會被列入信用報告NEG一欄，還要被罰遲付款費（Late Payment Charge）。照樣是壞紀錄！你以為是你以為，他們認為你不守信！

一旦你與銀行、車行、醫院、百貨公司等有錢的來往時，你就得在他們給你的表格上把你的「社會安全卡」的號碼（Social Security No.）填上。只要填上這個號碼，你所有的紀錄就會進入信用調查公司；美國最大的信用調查公司是TRW。

所謂信用（Credit），就是你向銀行、車行等借錢的時候，簽約同意每個月的十五日連本帶利還三百元，四年還清，你每個月的十一日就要把支票寄出；這個中間也可能有七天緩衝期，最晚不得超過每個月的二十二日，你在二十二號的三、四天前就要把支票寄出。他們在二十二日以前收到就表示你每個月都按約付錢，你的信用就好。信用好的人，才應了中國人「好借好還，再借不難」的俗語。如果你在二十二日才把支票寄出，他們在二十四或二十五日才收到，他們就會要你支付遲付費，而且會把你列入遲付不良紀錄！

還有更聰明的人，明明有財產，銀行有存款，可是去醫院看病卻說自己是「貧民」，一旦被醫院調查出來，你會假戲成真的變成貧民哦！即使你付錢請的律師他也不會同情你！

在美國，不管你叫什麼名字，你只是一個號碼——社會安全卡，俗稱「工卡」號碼。這個號碼就「鎖住」一個人乖乖地「搭乘有軌電車」。人人都得搭乘有軌電車的社會就有各種設施和規則。凡是不使用此種設施和不遵守規則的人，其結果一定是吃不了兜著走！

開無軌電車的人每天得把精神用在找「空隙」上。到了美國仍然「亂竄」一氣，還洋洋得意認為自己很聰明，好像不論他怎麼「亂竄」老美都矇查查不知道！

有一天胃痛去看醫生，檢查結果是肝癌，這時才想到自己來日無多，一旦撒手人間妻小如何是好。於是找到王定和，「王先生，我要投人壽保險」。大老，您真聰明！

你在投保的時候要填申請表（Application Form），這時要簽下一張「授權得到下列訊息書」（Authorization to obtain informations），如果二年之內你因病去世，保險公司就根據你這份授權書委託專業調查人員（Investigator）

清查你的醫生、醫療專業人員、醫院、診所、老闆、醫訊局等等，百分之九十九可以查出你在投保之前就有肝癌的紀錄，保險公司絕對不賠！除非從投保那一天開始，你以各種方法活過二十四個月，保險公司就不再追查。

孫悟空一個斛斗十萬八千里，但逃不出如來佛手掌心。美國是一環扣一環，扣得死死地！不相信是吧？如果你去過迪斯耐、大美國等樂園，你就會發現園內的路是經過設計的，遊樂器外面一層又一層圍好的欄杆讓遊人不得不在欄杆內排好，一個個進去。把這個放大就是美國管人的方法。任何人不照著園內設計的「路」走，不進入欄杆內排隊，你什麼都玩不成！誰是真的聰明人，你明白了嗎？

公聽會與特赦

中國的「官府」是統治者，人民只有聽話的份。因此，只要「官府」批准，你就可以蓋房子建樓。美國正好相反，美國的「官府」是大家出錢教他幫大家做事的，所以是「公僕」。只要大家反對，「官府」不論批准什麼建築都可能是廢紙一張！

話說張先生不瞭解美國人辦事的特性，集資在舊金山金門大橋北邊的馬連郡購地準備大興土木，單是建築規劃費就是一百萬，向當地政府申請的建築計畫也批准了。晴天霹靂，當地居民卻大大反對。因為：

馬連郡一向都是以高房價來限制低收入的人進入這一區，建築商蓋一大片社區必然招進各式各樣的人，這是當地人民所最不願意的事，當然反對。由於大家的反對！政府的批准和建築規劃圖都變成一堆廢紙！投下去的錢也全部泡湯。如果張先生在購地，請建築師規劃和向當地政府提出建築許可之前，請當地政府出面召集大家「公聽會 Public Hearing」，請當地居民來聽此一計畫對當地的種種好處，而後由居民表決，同意的人佔多數，這個計畫就可以進行，反對的人佔多數，這個計畫就不能進行。

美國的「官府」按規定辦事，但與當地住民有關的事得聽當地居民的。因此，我們應該學習舉辦「公聽會」，也要參加「公聽會」。

某年九月十三日「世界日報」第三頁刊出一則新聞，標題是：

「申請農工特赦，數百華人落空，紐約曼哈坦一家『中心』，收錢竟未辦事！」

今年三月，一位與我從小一起長大的朋友，因為沒有身份而以「紐約專辦農工特赦」一事與我相商，我當時告訴他「不要辦」，理由是：

一、美國移民局豈是傻瓜?!只是現在辦的人太多，他們沒有時間清查過濾，一旦大赦結束，他們再來一一清查也不遲，若是假的真不了，一旦被查出，這是實質上的撒謊，你必然被遞解Deportation出境，永遠不能來美國！

二、真正有本事的律師是靠執照謀生的，要你把證件給他，他幫你辦手續他給你找「證明」，一旦被查出執照會被吊銷的！我認為這其中一定有問題。

現在看到這篇新聞報導，證明我的判斷正確。我之所以判斷正確，乃是基於我對美國社會的瞭解。

我認為自己的事要由自己提供資料，不能期望辦的人為你提供資料。比如辦居留，你要提出一切合乎辦居留規定條件的資料，不是律師為你準備這些資料！

因此，個人的事要由個人自己去主宰，寄望或期望別人為你辦是沒有用的！在美國，千萬不要存「拿了我的錢，就要替我辦」的想法，有這種觀念和想法，往往吃虧的是你。變成錢付了！事不能辦！

這數百位願望落空的華人朋友，假如不具農工身份，不辦農工特赦，移民局沒有底案，現在錢沒了，事沒辦成，還留下了底案。假如辦成了，也未必是福，因為「申請移民簽證切莫謊報事實」，美國人對偽證有相當嚴厲的處分，查不到是你運氣，查到會讓你後悔不已！你若根本沒有做過農事，申請「農工特赦」就是「實質上的撒謊」，一旦被查出，完了！難逃被移民局趕出美國！

在美國生活，就要瞭解美國人做事的方式。如果張先生瞭解「公聽會」的重要性，他就可以請一位儀態和口才俱佳的老美，把此一建社區的種種利益告訴當地居民，當地居民不同意他們建築Town House、公寓、共有公寓等，那麼他們同意什麼建築呢？雙方要互相瞭解達成協議，再來計算自己的成本，有利就建，無利放棄。開「公聽會」只是花小錢「投石問路」。

參加「公聽會」也很重要。假如「蒙得利市公園是否要限建？」就此一問題蒙市政府召開「公聽會」，老美來了二百人，老中去了十人，一百五十位老美贊成限建，那就是多數，十個老中都反對也沒用！如果老中去了三百人，一共五百人，三百老中都反對限建，那就是多數！

至於「申請農工特赦，數百華人落空」的新聞，我很仔細的看了一遍，其中有一段「……保證取得臨時居留證，但費用要一萬二千元現金……。」

你只要對美國瞭解一點，你就知道付「一萬二千元現金」有什麼證據證明你付給他了?!，在美國，一般正規做生意的，沒有不能開支票或付Money order的，這個才是證據！至於「保證」二字是一句多麼空洞的話，奇怪，中國人就愛聽「保證」二字，如果你追根究底問他們用什麼「保證」？怎麼「保證」？是由那一家具有公信力的機構「保證」？恐怕你就不會上這個當了。

要知道能不能讓你辦成大赦的「保證」是操在你自己的手裡，別人能「保證」什麼?!總而言之一句話，上述這二個例子足以說明對美國情況無知，所遭受的損失和痛苦往往會使人悔恨一輩子！

從「內線交易」談起

李×洪、王×冠涉嫌股票內線交易，是轟動美國金融界及華人圈的熱門消息，我趁此向大家說明一下美國「法治」情況及觸法的嚴重性。

根據一九三三年「債券法令Securities ACT」和一九三四年「債券及交換法令Securities及Exchange ACT」，此法令之主要目的在於防止做股票的人在出售各種債券時詐欺Fraud和做不實的說明Misrepresentation。

這些法是由「國家債券商委員會National Association of Securities Dealers簡稱NASD」執行管理，所有從事債券、股票買賣的人如股票公司Broker，買股票的經紀人Dealer都得對顧客說明其所選擇投資的股票或債券所有可能會發生的風險，而讓顧客也瞭解這些風險。

凡是要從事股票買賣的人必須考取NASD執照，考試裡有「債券條例及投資風險」，這一章佔考分的百分之二十。一旦經紀人觸法不能以「不知道」來推卸責任！該法規定甚嚴，試舉數例：

一、考取執照的人，只准在其名片上印上NASD，字的大小不可以超過你的名字，同時絕對不准把NASD的字樣登在任何報紙和宣傳廣告上。

二、登記在案的領導人必須監督一切之買賣合法進行，Broker Dealer必須任命一單獨之人做為領導人，此人負一切規章之責。

三、主要領導人可以任命一人代表其監督辦公室之一切事務。但領導人仍須負審閱、書面及登記有案之銷售股票代表執行股票交易之責。所有股票交易之生意必須以書面告知其業務代表。

四、有關新發行的股票，其一切檔案及有關之資料都要經過「債券及交換委員會Securities Exchange Commission簡稱SEC」審核。

必須連同計劃書一起送審，此計劃書不論在銷售股票之前或正在銷售股票都得出示給投資人，要讓投資人得到全部的資訊。此外更規定股票商做廣告時嚴禁使用使人誤解之字句。

五、在與顧客交易時禁止使用操縱Manipulative，使人誤解Deceptive及詐欺Fraudulent的手段。

從上述所舉的例子中大家可以看出這是一個有人「管」，也有人負責的社會。NASD管股票公司Broker，股票公司管經紀人Dealer，經紀違法而股票公司主管人員包庇，兩者都逃不掉被罰！

NASD執照非常難考，考取了也並不表示可以發財，NASD每個月的公報裡都有被吊銷執照經紀的名單，Dealer被吊銷執照他還可以做別的事，股票公司Broker被吊銷執照就慘了。因此，Broker為了保護自己，一旦Dealer犯法，Broker絕不會包庇。

有人管，而且是層層負責的管是「法治」社會最大的特色。說到這兒，不得不提醒大家一聲，千萬不要把老美當傻瓜！

不論是老美還是老中，要做股票就得考取NASD執照，所不同的是老美在讀「債券條例及投資風險」這一章的時候瞭解其內涵及嚴重性，老中往往是強記死背只要過關就行。

王×冠在股票公司做事，應該知道有關法律，只是他恐怕只認識「法治」這二個字而已，未必有守法的觀念，所以捲入了這場風波。

咱們有句俗語說：「要想人不知，除非己莫為」。王×冠只是把內線消息洩露一下，這在中國人來講實在是小意思，但美國人認為這是大事！奉勸所有要考房地產、保險、股票等執照的朋友，在你讀到法令規定時，務必要仔細弄個明白，寧可照「法」做，不要因為僥倖心理而被吊銷執照留下記錄。到了「黃河」才死心，見了「棺材」才掉淚就一切都太晚了！

FD1C滾出中國城

在美國，情緒化的處事會成事不足，敗事有餘

這一、兩個月來各報紙雜誌對金洋銀行的興起到突然被勒令關門都有詳盡的報導。我從另一個角度提出一些個人的看法供大家參考：

我們中國人有句俗語說：「隔行如隔山」。美國是一個分工極細的社會。就以律師來說，也像醫生分科一樣有各式各科律師；要移民找專辦移民的律師，犯刑事案件要找專打刑事官司的律師，買房地產吃了虧要找專辦房地產案件的律師等等。

莊光雄先生的專業知識是律師。律師管銀行首先犯了「隔行如隔山」的誡律。

在美國，人人都要從他所從事的那個行業自基本學起。日後憑他的知識、經驗和勤勞而成為這一行的專家。美國有很多公司行號特別標明Since 1945, 19××這就表示他們從事這個行業迄今已有多少年，他們是這個行業專家。他們是由下到上一步一步走上山頂的。

莊先生從律師一躍而為金洋銀行的老闆，這一開始就在「山頂」。「山」下是怎麼回事，「山」的四週又是怎麼回事，不是只憑法條就可以解決的，要真的懂這門行業才行！

再說，美國是一個法治社會。美國人的觀念是法、理、情。他們用「法」來約束人的行為。因此，不論什麼事都是系統化，按次序來。先合法，再合理，人情最不重要！

因此，不論你與對方是什麼關係，一旦涉及金錢來往、承諾、合作等都要白紙黑字雙方簽名。付了錢就要拿收據，一旦發生爭執，有憑有據，誰對誰錯，誰是誰非容易判定。如果你沒有做這些手續的習慣，一旦發生爭執，你對法官說：「他答應如何如何。」恐怕很難打贏官司，吃虧的還是你！

以莊先生的專業知識必然瞭解這一點。因此，他發明黃單讓存款人在黃單上簽名，在美國，只要你在文件上簽名就表示你已經知道內容。日後，你對法官說：「我不認識英文，我相信他，我以為……」這些話恐怕不能使你打贏官司。簽名之前，一定要先明瞭內容！切記！

美國人只講「法」，誰站在法上，誰就有理，所以美國人只認定他所看到的事實。

我們中國人普遍存有一種怕麻煩的觀念。「三十萬要存四家銀行，麻煩！麻煩！」或是把「情」字先放在前面——既然是你來拉存款，當然要給你面子把三十萬存進你們銀行。

美國人是按法規做，既然FDIC只保證十萬，我在你們銀行存七萬或八萬。在另一家銀行存七萬或八萬。

凡是怕麻煩或賣交情而把三十萬存入金洋銀行的人現在都急得跳腳了。那不怕麻煩把三十萬存入四家銀行的人有風無險。在美國，事事都要預先預防，一旦出事，如果我們預防在先，所受的損害將大大減低。

美國憲法保護美國公民之自由與權利（Freedoms and Rights）。如果財政單位沒有充分的證據證明金洋銀行違法營業，他們絕不會，也絕不敢貿然行事關金洋銀行的門！

存款人在銀行關門後舉牌抗議是可以諒解的，但還有人在牌子上說「FDIC滾出中國城」，這種情緒化的話不但得不到一點實際效果，相反的會招致美國人的反感。

FDIC是為美國人的需要而產生的機構，Chinatown也是在美國的領土內由同文同種的人居聚而成的一個地方，其一切一切仍受治於州和聯邦政府，並非美國境內的獨立國！

任何美國人在電視上看到「FDIC滾出中國城」的牌子，恐怕都不會有好感！反過來想，如果中國城是美國城（Americantown），又在中國的領土之內，美國城的人要中國的執法機構滾出美國城，你的感受如何?!

在美國，情緒化的語言、文字和行為，不但於事無補，往往敗事有餘！處理任何事要理性化——先合法，再合理就對啦！

美國是一個工商和法治社會，所以美國有一套管人的辦法——制度。此外，行行都有一套防止作偽和詐欺的方法。作偽和詐欺沒有被告或被逮捕到是運氣。一旦被人告到執法機構而又被逮到恐怕就應了臺語：「害啦！害啦！」天天都想走「夜路」和「後門」的人，美國恐怕沒有「夜路」和「後門」可走。即使有，也非你我知道怎麼走或可以走的！

莊光雄先生「夜路」剛走一段，就全盤「害啦！害啦！」我不敢說莊先生這一輩子在美國不會再起來，要再起來恐怕難囉！

滿腦袋「夜路」和「後門」的人應以金洋銀行為戒！

任何人來到這個世界，不論出生於那一國，從他出生那天開始，他的父母、親友和師長就把他導入這個社會的模式之中，在他長大成人後其言行都能符合這個社會的模式。

在中國社會模式中的言行是對的，其言行並不代表在移民到美國後，在美國這個社會模式中還是對的！

鍾（中）小姐生長於河北省，她卻千方百計要嫁給新疆的梅（美）家。在娘家時她也聽過「入境隨俗」這些話。也在小說裡看過「兒啊，如今嫁到梅家可不比在自己家了，一切要依人家梅家的規矩」。

如今，鍾小姐仍以河北人的思想、文化和生活模式在夫家生活，你說她是痛苦多，還是快樂多?!鍾小姐對梅家和當地的事都不感興趣，也不參予當地的事。卻為娘家的事在梅家族長主事的地方絕食抗議，遊行示威，要夫家的人去擺平娘家的事，或要夫家的人打擊娘家的仇人，如果你是梅家的人，你對鍾小姐的看法如何?!

在這兒，借用莊光雄先生的同學蘇俊華先生的話做為結束，蘇先生說：「他最致命的，還是自己被自己騙了，他自信心太強，根本不相信失敗的事實，到了今天，他還說自已是對的。」

朋友！醒醒吧！娘家的生活模式不見得適用於夫家的呀！

完美的「絕路」

狡兔三窟，留退路不怕老美出怪招

小學女師附小（或國語實小、再興等）、中學師大附中（或建中、成功等）、大學臺大（或成功、清華等）美國UC柏克來（或史丹福、耶魯等）大學碩士或博士——美國大公司高薪工程師。

以中國人的標準來說，這條「路」太完美了！但在美國的社會裡，這條「路」很可能是「絕路」！你要當心！我們為父母的面子，為學校升學率而參加聯考式的教育不是「作育英才」，而是集合全體的力量把所有的學生壓製成「豆腐干」。十六年強記死背式的讀書把人變成沒有變化的「豆腐干」——以自我為中心，與其他人不發生關聯。這個關聯是指人際關係，人與人之間的「政治」。求學唯一的目的就是讀書——向美國大學碩士或博士學位邁進。

從進入美國大學那一天開始，又一頭栽進書本。書本以外的世界是怎麼回事根本不重要，也沒有心思去瞭解。時光匆匆，二年碩士，三年博士學位到手。很快的成為美國大公司年薪十萬元的工程師。從現在開始每天過早九晚五的生活。把全副精力和所學貢獻給公司。

十年下來，別說外面的世界沒搞清楚，就是連公司裡面，甚至連自己工作的那個部門裡的「人」是怎麼一回事都沒搞清楚！上下左右沒有一點「人際關係」。

十年只是一眨眼的工夫，一九七五年的博士到一九八五年，在知識上也被公司壓榨的差不多了。此時年薪已達八萬或十萬，而公司可能要做到二百萬生意才能付你這樣的年薪。八萬可以再僱用二位新出校門的博士再榨，於是美國人的招數來了。

首先是把你調升為經理。如果公司一步一步培植你做經理，那是有誠意的；突然的調升為經理，對中國人來說這是「升官發財」很有面子的事，對老美來說這是請你走路的先兆。

因為，十年下來，你並沒有建立「人際關係」和人與人之間的「政治關係」。一旦升為經理，你就被架空——下面的人會與你格格不入。很快的你就發覺壓力大得承受不住。此時，不是公司請你走路，就是你自己「知難而走」。如果你經理職位做得還可以，老美就把你調升為副總裁或總裁。除非你仍然罩得住。否則，不論把你調升到那個職位，總有你不能勝任的或你不願意去的州。不能勝任或不願意被調到那一州，就只有走！這一招，老美稱之為彼得原理（Peter's Principle）。

今天中國人留美的學生人數已排名第一位。在此，特別提醒各位，書本讀得好，並不代表是真的好。你要睜開眼看看美國是怎麼一回事？美國人又是怎麼一回事？在學校抽出一點時間跟老美攪和在一塊兒——建立一點人際關係。

如果你現在已經上班了，你務必學學下了班接受老美同事的邀請，到酒吧先喝二杯再回家；自己開派對請老美同事，也參加老美同事的派對；為你主管買杯咖啡，帶份三明治午餐，所費有限，對你的「人際關係」幫助「卡大」！

在一個團體裡上下左右怎麼可以不用點「政治手腕」建立雙方彼此的「關係」呢？年輕時不建立此種關係，一但人到中年，在經理、副總裁或總裁的位置上被請走或自己走，你後半生可能面臨沒有工作的窘況。

因為，你離開A公司時年薪八萬，又是中年，去B公司吧，B公司不會付你八萬，此其一。你在A公司是經理，你去B公司求什麼職？ B公司向A公司一打聽也不用你了，此其二。此時，你會發覺你謀生的路怎麼會那麼窄！

趁現在高薪，應記取中國人「狡兔三窟」的名訓，即使沒有「三窟」，那麼「二窟」也行。一旦老美玩Peter's Principle的招數時，你才不會被困住！

升遷「秘訣」

凡是認為「美國人種族歧視，壓著他不讓他升上去」的人，別忘了用一根指頭指著別人的時候，還有三根指頭是對著自己！

一個全國性的美國公司如IBM電腦公司，他們可以在全美國各州、各大城市設立一般代理General Agency，一般代理可能有五十個（每州一個），也可能有五百個（每城市一個），一般代理的職責是推銷IBM的產品，推銷的愈多，一般代理賺的錢愈多。而推銷產品是靠 Salesmen和Agent去一家公司一家公司的跑。因此，這些Salesmen和Agent就是一般代理的搖錢樹，一般代理對這些搖錢樹要時時安慰、鼓勵、解決問題和聽取意見，他是「僕」，為Salesmen和Agent而工作。如果「樹」能為你長出錢，是你為「樹」澆水、施肥、除草，還是「樹」為你澆水、施肥和除草?!

這個一般代理一到中國人身上就變成「總經理」General Manager了，一般代理分明是「連長」，可是「連長」認為自己是「總司令」，立刻從「僕」的位子變成「主」了！所有的「樹」（Salesmen或Agent）都要給他（她）澆水，施肥和除草。咦！

一個優秀的Salesman或Agent是靠自己的能力生存的，誰會為「一般代理」澆水、施肥和除草？於是另謀高就的另謀高就，甚至自己換家公司也當一般代理了。一當了一般代理又是歷史重演——「連長」變成「總司令」。

說到這兒，奉勸有「官癮」的人買兩本柏楊先生寫的「可怕的掘墓人」和「忘了他是誰」的書，回家閉門仔細研讀。你就會瞭解，沒有人可以為一般代理挖個「墓」，能為他（她）掘「墓」的，只有他（她）自己！也只有他（她）自己「忘了他是誰」的時候，那個「墓坑」才會愈來愈大把自己埋在裡頭！

中國人被「士農工商」的觀念牢牢地控制著，「士」唯一的出路就是做官，官有權力Power，有權力就容易藉機發財。此外中國還是個一頭大的社會——在家父親是王；學校老師是王；做事老闆是王；做官皇帝是王。因此中國人認為「寧為雞頭，勿為牛後」，這種根深柢固的觀念造成除非「我」說可以，否則誰都不能代表「我」！中國人要辦一件事不會去找「在其位謀其事」的人，而是去找他的上司！所以中國人認為誰有權力「管人」誰就有面子，而「總經理」是「管人」的人，是人上人。一般代理就是「總經理」，「總經理」要「管」Salesmen和Agent，你們都得聽「我的訓示和指示」。真叫人發瘋！

一位中國的一般代理把這家公司做得全國最好的美國人一般代理請來對中國Agent談談他們成功的原因。一開始中國一般代理就介紹這位美國一般代理做得全國最好的一位Agent——Mr. Bush，他說：「Mr. Bush is work for him布希先生是為他而工作的」（這意思實際上是說Mr. Bush是他的屬下，一切要聽他的）這位老美一般代理立刻站起來連連搖手說：「 No，No……I am work for Bush.不對，不對……我是為布希而工作的」。

美國人是被「商農工士」的觀念所控制，要當部長得先發了財成為全國性大企業的董事長以後才行。至於中小官是全國人民納稅請他們為大家做事。所有的官都知道自己是「公僕」。美國人辦事是「在其位謀其事」，沒有人會去找他的上司！而管和被管之間是基於法律、規定、制度和系統。所以美國人都知道「他是誰」——一般代理就是一般代理。

「士」讀一輩子死書！在生長的過程當中，除了讀書考試以外，其它的事自已練習過處理和做決定嗎？不必！我們的父母、學校、社會都不需要我們處理和決定事，他們期望的是讀強記死背的書，考過一關再一關；上大學、留美得博士就行了，其他的事不必理！恕我說一句傷人的話，一個只會讀書的人，在社會裡只是一個「兵」料，「兵」不必做決定，更不必為做決定而負責！一旦「兵」料升為「將」才，社會不大亂才怪！

美國式的教育不是這樣的。他們在生長的過程中要練習處理事和做決定，更培養領袖人才，領袖是要負責的！老美絕不會把一個「兵」料升成排長（經理），因為美國人對人的考核評語是一關一關的，通過這些關以後再接受經理的訓練。

中國人沒有受過領導訓練，也不瞭解人際關係，對人與人之間的「政治」往往你是老美，我是我老中，這種心態連「上等兵」升「下士」這一關都通不過！又如何指望老美把你升成「排長」?!

任何人想在美國人的公司或機關裡升遷，就要學會Show你自己的能力，證明自己是「排長」或「連長」；加州奧克蘭市Oakland港口管理局業務經理陳子明先生，他管全港口船舶進出業務，陳先生沒有讀過一天美國大學，當然沒有美國大學碩士或博士學位，全Oakland港務局有多少黑的或白的老美要聽他的指揮！

陳子明先生不是ABC（土生、土長華裔），他畢業於國立政治大學西語系，移民美國以後就職於奧克蘭市港口管理局，今天他管全Oakland市港口業務，這個位子是硬碰硬得來的！

別忘了；當你用指頭指著美國人罵他們不升你的時候，還有三個指頭指著自己！想想吧！

自私與自利

照我的看法，在美國生活的中國人不「自私」也不「自利」，我可以舉出鐵證證明中國人比美國人和猶太人在「自私」「自利」上差得遠了。

美國公司對於不能完成的事，比如某種電腦完成四分之三，還有四分之一在技術上不能完成，如果完成這件工作的是美國人，他很「自私」，由他親自報告完成這個工作的經過、心得和提出自己的看法與意見。讓全公司，甚至整個電腦界都知道他完成了這個工作。

因為他的「自私」——是我完成的就是我完成的，我當然要講！如此一講，不但公司重視他，全美國電腦界也很重視他。於是他得到的是「自利」。

其他與這個工作有關的老美，也紛紛發言表示自己的意見和看法，至少讓公司當局知道他做了什麼事。

如果完成這個工作的是中國人，十之八九會發揚「只問耕耘，不問收穫」「沈默是金」的精神，不爭功，一切都讓他的上司「專功」，深怕一旦堅持自己的報告會得罪上司，砸破飯碗，又怕自己英文發音會被老美笑。在公司不聲不響，不吭氣，成天埋首工作，回家可是生悶氣；對工作有意見，當然也不會公開提出，回家可是牢騷滿腹，別說電腦界的人不知道他完成這個工作，就是連公司同仁都不知道這個電腦最後四分之一的工作是由他老兄完成的！

這樣懂「謙讓」的中國人怎麼會是「自私自利」呢？常言說「伸頭也是一刀，縮頭還是一刀」，在美國，敢說、敢講、敢表示意見的人，他「伸頭」挨刀的機會可能只有10%或20%，說不定「伸頭」以後公司不敢給他「一刀」，不但如此，大家還搶著要他。德州大學研究超導體有成的朱經武教授，加州柏克來大學就要挖角。不敢說、不敢講、不敢表示意見的人，他「縮頭」被砍「一刀」的機會恐怕是80%或90%，搞不好鐵被砍一「刀」！

朋友，你再不「自私」學講話，表示你的看法、意見和改進之道，你永遠不會得到「自利」！

要賺錢就得自私自利的「知行合一」，所謂「知」就是為自己而研讀知識、觀察和學習經驗，對其中的來龍去脈知其然也知其所以然，然後去「做」才能達到「自利」的目的。

猶太人在這方面真是「自私自利」他們集合資本買NOTE。什麼是NOTE？

一棟房子價值十萬，買房子的人付20%頭款，剩下的八萬元向銀行或儲貸會借，借這八萬元時要簽一張NOTE（借據），言明欠銀行或儲貸會八萬元；每個月按固定利率Fixed或浮動利率Flexible連本帶利還銀行或儲貸會八百或一千元；共付十五或三十年。

在這十五或三十年之內，一旦你每個月付不出八百或一千元，銀行或儲貸會就根據你簽的NOTE第一個月給你一張警告的紅單子，四個月到期你還沒付，就會按照NOTE把你的房子賣掉Foreclosure把你欠他們的錢收回。

因此NOTE的本身就是有價債券，既是有價債券當然可以買賣。

ABC銀行的資本是五千萬，有二千萬可以貸給大家買房子，一旦到達二千萬時，再貸款能力就弱了，這時要賣NOTE來週轉現金，或銀行經營不善有虧損時，也得出售NOTE來週轉。

猶太人把游資集合起來成立一家專買NOTE的公司，做法是：

當知道銀行要賣NOTE時，不是以百分之百買進，而是看情況以95％或80%買進。比如你的NOTE是八萬，他們買進時要減去你付的本金部分如五千元，這NOTE的實際價值是七萬五千元，以七萬五千元的95％買進付$71,250元。現在他們變成你的債主，每個月你付的八百或一千元付給他們公司。

銀行賣出五百萬的NOTE，這五百萬以95％買進，立刻賺二十五萬，要是乘人之危加以殺價，以80％或85%買進就賺的更多了。一旦你付不出每個月的分期付款，就由他們公司把你的房子賣掉Foreclosure收回欠款。

我們中國人要是能自私自利的「言行合一」集合游資去買NOTE，還有猶太人混的嗎？由此可見我們是非常厚道的民族，大家既不「自私」也不「自利」，才能讓猶太人獨霸市場賺大錢。

常言說：「工欲善其事，必先利其器」，有了「器」而不會用，也看不懂說明書，甚至根本不看，這個「器」能幫我們什麼?!不看、不讀、不學、不敢，而天天想發大財。咦！

在美國，只有一種不看、不讀、不學、不敢做而能發大財的，那就是樂透獎Lotto，一元錢選六個號碼，要全對就發財了！但是據統計，一個人一生被天空閃電打到的機會都高過樂透獎！

誰再不「自私」的為自己去學習「知其然也知其所以然」而後去做得到「自利」，誰今天帶個三、五十萬到美國，也會有守不住的一天！

美國的「明壞」與「暗壞」

全世界物質文明愈進步的國家，她的人民對錢的觀念和需求就愈強。因此，一定有壞事——為了錢！美國也不例外。

美國明的壞事有殺、搶、偷、娼、毒等，都與錢有關。暗的壞事是運用金錢遊說國會議員修法來弄錢，如Enron, World com, Merk等大公司的假帳事件。

但是，美國是用「房價」把人隔開的；以加州來說，房價平均在二十五萬元以上的住宅區或地區，住在那裡的人都有相當的水準，治安情況自然良好。住在這種區內的人有安全感。

殺、搶、偷、娼、毒等這些壞事在任何城市裡都在一個特定的區內進行，這種地區在全美國每一個都市裡都是以城中心區（Downtown）為最壞，接下來往往是東邊或南邊的貧民區；任何一區只要窮人多，鐵定治安壞，不但治安壞，其他什麼情況都差！

你住的地方是東洛杉磯區，這一區一九八六年才脫離全美國兇殺第一名，被佛羅里達州的邁亞密市取代。在這樣一個地區裡，你閣下開的是賓士，又穿金戴銀，怎不教那些美國窮人看著眼紅？你不是明擺著告訴他們：來搶我啦，我是有錢的呀！

蒙特利公園市警察捉到黑人搶劫犯審問他，「為什麼專搶華人？」搶劫犯回答的倒也乾脆——「他們有錢！」

沒錯，在物質文明社會裡的人是見錢敬人的，但也要看在什麼地區，比華利山莊（Beverly Hill）的大亨在餐廳吃一頓三、五百元的飯，小費一擲百元也不是少見的場面。你閣下在這一區，不論開什麼車，戴什麼鑽都不會使人眼紅，因為你有的，他們都有！相反的，任何人開一部爛車或可疑的車進入這一區，恐怕會被巡邏警察盯上盤問一陣。

如果你閣下在紐約布朗士區、舊金山田德隆區內擺闊，毫無疑問你大概是不想活了！奉勸閣下要擺闊讓美國人知道你是有錢的中國大爺，就要到真正有錢人的地區去住，去擺，在窮人區內擺闊不是自找麻煩是什麼？

美國除了明的壞事殺、搶、偷、娼、毒之外，當然也有暗壞和悶壞，否則英文裡就不會有Corruption（貪污），Bribe（賄賂），Extortion（利用職權強要錢）這種字。任何人有這種犯行都由其個人負法律責任，但仍有人為了錢而甘冒坐牢之險。

一位老闆投資了七十萬美金建築一家中餐館，但是老美檢察官認為窗戶不能防火。建築師問他：「我們都是用這種材料，那裡不合格？」他說：「我也不知道，我就是認為不合格！」老美這傢伙也有中國人的習性——分明是想利用職權要錢。要解決此一問題先要弄清楚自己是不是百分之百站得住腳；是，則用美國人的方式跟他明講——

一、「如果你不能明確指出什麼地方不合格，不合法律規定，我們就上法庭由法官來裁決！」

中國人怕「後臺」，美國人怕「法」，一旦上了法庭，這種分明說不出所以然找麻煩要好處的意念就會站不住腳！

二、「除了上法庭之外，我還要開記者會，由大家來公聽」。大家一公聽，認為你有理，輿論會對這檢查官員不利。

英文說：「Whole the world dogs bite.（全世界的狗都咬。）」譯成中文應為「天下烏鴉一般黑」，只是中美二國人處理這種事的心態不同。

中國人明明百分之百站得住腳，碰上被「狗」咬時，也只有認命被咬一口，中文叫做「花錢消災」。中國人可以委曲自己求全。

美國人百分之百站得住腳而被「狗」咬時，他們不會乖乖地被咬一口，往往對「狗」加以反擊——訴諸法律和輿論。一旦美國人擺明要反擊的時候，「狗」心知肚明是怎麼一回事，他自然會軟下來，因為「狗」也怕「法」！

再一種是用中國人的方式——花錢消災。用這種方法的時候，一定有小辮子給他捉住，美國人把「花錢消災」稱之為Money Talk（談錢），意即不要跟自己的錢過不去，花小錢保大錢。一旦你用了這種方法，你就是軟柿子被捏定了！這種方法通常用於下層社會。美國人寧可被罰也不願被「捏」，中國人寧願挨「捏」而不願被罰。

什麼情況之下運用Money Talk？

舉例：

你考駕照屢次不能過關，你問他：「為什麼？」他告訴你：「你最好到××駕駛學校學學」，這時你乖乖地去這家駕駛學校「花錢消災」。

你有小辮子被他捉住，而他又是現官現管，他有意放你一馬，問題是你付多少代價。但你要用方法讓他說，千萬不要冒冒失失你先開口！

他正好管到你，他介紹一位親戚或朋友到你那裡上班，如果你不買帳，可能會有麻煩。但美國人很少用這種方法。

Money Talk是一種含糊用語，看怎麼解釋。如果你對老美說：「我們談談錢吧！（Let money talk！）」老美問你：「你這是什麼意思？（What you mean let money talk？）」你說：「當然了，沒有人願意跟自己的錢過不去，你看怎麼樣才可以避免損失更多錢，我完全照你的意思做。」這句話的重點放在最後一句。

在一個物質文明的社會裡，真是「有錢行遍天下，無錢寸步難行」。因此，亂來搞錢的人在心理上就要準備，一旦東窗事發必須面對法律的審判。美國人對「法」還是畏懼的。如果你百分之百站得住腳就不應該再有委曲求全的念頭。應該為你自己而戰！訴諸法律與輿論。如果你自知不合法要用Money Talk時，也應該謹慎——很謹慎。

美國雖是一個物質文明的社會，人人想錢，想發財，但是這個社會的人對於是非、對錯、黑白和道德的看法還是有一個標準！

王公子答客問

收到許多讀者來信訴說，吃虧上當或甚感氣憤的事。在回答問題之前，先說明一件事。

根據美國聯邦政府健康、教育和福利部一九八〇年所做的調查報告說：

「每一百個人裡，從他們工作賺錢開始到六十五歲退休，其中有二十九人死亡，十三人年收入在三千五百元以下，低於貧窮標準。五十五人年收入在五千五百元到二萬元之間。」

從這份報告中，我們可以瞭解美國中下層社會人佔百分之六十八。這些升斗小民所做的都不是什麼偉大的事。因此人類的本性貪小便宜、忌妒、欺生，在主管面前說別人閒話等等與中國人一樣。只是五十步與百步而已。

一九五〇年到美國來留學的人，大多數來自中國中下層社會家庭。經過這麼多年的努力，不少人已經爬上美國中上層社會。人，一到了中上層社會，所接觸的人和環境就不同了。

在臺灣和香港爬上中上層社會的人士，在各方面來說已經是「罩得住」的人了。一旦移民到美國，其社會地位、人際關係猶如從天堂跌入地獄，一日之間從「罩得住」變成「罩不住」。找到的職業也是美國中下層人的職業。從中上層變成中下層，心裡上實在難以平衡。於是怨氣沖天。

在這兒，只有一句話奉贈：「美國不是人間天堂。要打算在這兒住和生活下去，心理上就要有一切從頭做起的準備。日後能不能進入中上層社會，就要看自己的努力和時運了。」

我特別選出幾封具有代表性而又共同的問題予以回答。

買車如何退貨

回德州鄭小姐

賣車這一行是競爭十分激烈的行業。只要你買車，Car Salesmen是下跪都行！買了車要退，車行從上到下所有人員沒有態度好的！妳說經理態度兇悍，那不是德州的專利，是全美國性的！這種兇悍英文是Bluff唬人。能唬倒對方是上上大吉，妳要討回公道，唯一可以採取的辦法是——

在那個城市買車，就查當地電話簿Attorney，再查Attorney Referral Service介紹律師服務，有的要錢，有的不要。因為美國的律師像醫生一樣分得很細。妳把所遭遇的情況說給他們聽，他們就會為你介紹一位專辦這種案件的律師。由律師寫信或打電話給車行。一來車行知道唬不住妳，再來車行也不願意捲入官司，他們會乖乖地給妳一個滿意的答覆。要是自己去交涉，恐怕車子都開爛了也沒有結果！

「得饒人處且饒人」是中國人的人生哲學。美國人是「得理不饒人」！至於忍氣吞聲算了，那就算了！正中他們下懷。

找人服務慎選對象

回加州王太太

在美國，凡是要材料的如把家裡鐵水管換成銅水管要先付點錢，凡是不需要買材料的，如妳家後院割草、砍樹是先做工後付錢。不論先付點錢或不付錢都應該經過下列步驟：

有人介紹誠實可靠的鉛管匠當然好，沒人介紹要自己找：

一、電話簿（Plumbing）先看廣告服務項目，再看有沒有Lic. No.執照號碼，再看是不是免費估價。沒有免費估價（Free Estimate），要在電話裡問清楚。

二、選幾家，一家一家打電話請他們來估價。

三、他們派人來估價時，妳把凡是要做的項目一一列下來。估價完要問他，有沒有法律問題（舊金山換銅水管，換好以後鉛管匠要通知市政府派檢查員來檢驗。我找來的韓國人和中國人都不告訴我這個，三家老美都告訴我這個問題）。

四、你決定讓那一家做，雙方一項一項寫在估價單上。此外幾天完工，付款方式等都一一寫在估價單上，付款一定要用支票以示有憑據。

如後院割草，修剪樹枝等不需要先付錢。因為做這一行的人其工具都是現成的，根本不需要買材料。花園整理也分工很細：

割草（Lawns），修剪花樹（Trimming），花草樹木一起清除（Landscaping）等等都有不同的價錢。

你們家要割草和砍樹枝，根本不需要先付錢，他要求先付錢，而你也給他了，他人跑了根本不給你做，這種人我有什麼辦法！我只能說下次務必按上述步驟和原則做。

回加州周先生

看了你頂老美主管的話，「讚！」但仔細一想，你的年齡可能比我小了一大截，以前我所幹出的那些事都是年輕氣盛幹出來的，現在年紀大了成熟多了。

與老美主管相處，不論他看你不順眼，還是你看他不順眼，搬出中國祖傳祕方——虛與委蛇和陽奉陰違，這套功夫英文是Mental Judo（心智柔道）。老美對付老美就用這種功夫。正面幹上吃虧的還是自己，起碼年終考績不佳。中國俗語說：「好漢不吃眼前虧」。請考慮使用下列招式：

一、和解。中國人說：「冤家宜解不宜結」。先與他打打招呼，再來有意無意問問他「請他喝杯咖啡或上酒吧喝杯酒」。

二、這種有心理病的人最需要聽眾。你不妨鼓勵他說出心裡的話，對於他的「憤怒」與「不平」表示同意，對他的「壓抑」要安慰幾句，他一定會把你當成知己，明年考績就不同啦！

你不瞭解美國

回加州王先生

你說：「吳先生買了一間小餐館，打電話請你去做大廚，做了一個月，一角錢都不給就把你解僱了，還說你是自願幫忙的。你告到勞工局，希望勞工局幫你要這一個月的薪水，勞工局判你敗訴是因為老美不清楚中國餐館情形。」

王先生，不是勞工局不瞭解中國餐館，而是你不瞭解美國！

美國是法治社會，美國人的觀念是「法」，「理」，「情」。他們用「法」來約束人的行為。美國人做事是先合法，再合理，情最不重要！因此，美國人只認定他所看到的事實。

不論你與對方是什麼關係，一旦涉及金錢來往、承諾、合作等等都要白紙黑字說清楚，雙方當地保官Notary或律師的面簽字。付了錢就要拿收據，一旦發生爭執有憑有據。如果你與法官說「他當初答應如何如何」恐怕很難打贏官司。勞工局給你的信上已經明白指出……We of course have not taken any position on your claim at this position and are continuing our investigation. We are, however, seeking as much information as is available……關於你所要求的這一點，我們並無任何立場為你追索。我們繼續調查。我們所要見的是，盡你所能提供法證。……

這法證是什麼？法證就是你上工之前與老闆立的合約，幾月幾日那一年上工，每月薪水多少……把話說明雙方簽字。你有這份「法證」，你鐵贏，事先沒有這樣的準備，事情發生，美國人只認定事實。這件事給你，也是給所有中國人一個教訓，光憑「一句話」在美國吃了虧上了當只有認了，中國人不是也有一句話說「口說無憑」嗎?!

你不來，我過去

回紐約王太太

當年回教領袖穆罕默德對大家說「只要我大喊一聲，山就會到我面前來」。於是大家去看，他大喊一聲：「山，到我面前來！」山當然不動，於是他說：「沒關係，我過去」！他的成功就在於「沒關係，我過去」這句話和行動上，反正雙方「距離」是拉近了。人與人之間也是如此——妳去拉近距離。

與妳共事的那些美國女孩都是中下層社會的美國人。妳隨便送點臺灣帶來的裝飾品給這些女孩，或請她們喝杯可樂，讓她們佔點小便宜，妳與她們之間的距離自然縮短。

妳愈是用不服氣，倔強，「這點小事還難得住老娘！」的心態對抗，她們的「箭頭」就愈對著妳這個「靶心」。

妳說「我年輕的時候，也沒有像她們一樣」，妳不那樣並不代表所有的人都不那樣。中國有句俗語說一種米養百種人」。我們又有句俗話說「知己知彼，百戰百勝」。今天妳所有的怨憤和不平是來自「妳以為……」。妳沒有去瞭解妳的對手。舉例——

妳說：「起碼她們有求於我的時候是十分甜蜜的，而我又是個很容易原諒別人的人，只要別人對我好一點，我就前嫌盡棄。」

美國人有求於人的時候可以鼻涕一把淚一把，左一聲「Please（求求你）」，右一聲「Please」，中國人就承受不住這種「Please」而投降。你看看老美甩不甩！原因何在？

中國人是權力統治社會，權力統治是不把人當人看的。美國人這一套剛好擊中咱們所缺乏的「被尊重感」。於是龍心大悅，而後患無窮矣！

一百個中國大男人裡，有九十九個大概是自己先開車門，坐上駕駛座再伸右手給太太或女朋友開車門。美國男人裡一百個會有一百個先給太太或女朋友開車門，坐好，再關車門，上車如此，下車也是如此。美國男人對女人的禮貌是處處如此。如果我是中國女人，我也會愛美國男人愛的要命。問題是，這一切對女士的禮貌，並不表示結婚以後老美不把老婆揍得鼻青臉腫。

美國人求妳的時候好言好語十分甜蜜，管用；求老美看看，少來！

妳說：「我的個性開放，開朗，十分健談的人。可是講英文，我不能暢所欲言，十分難受。尤其要Argue得一針見血，用英文我是啞子吃黃連有口難言。」

從今天開始買一本《林格風》和唱片或錄音帶。每次背五課，再聽唱片或錄音帶，這五課像唱片紋路一樣刻在腦中。再背五課，再聽……林格風背完了，再背《泰勒生活》（Life with the Taylors）從第一課背到第二十課。找附近美國老頭老太太談天，請他們校正你的英文發音，美國以紐約州人的英文腔為標準腔。不把英文學好，妳所有的怨憤都不能消除！

白老美叫你Chinaman你就叫他Honk。黑人叫你Chinaman你就叫他Nigger！

我的兒女必須要學摔跤！任何種族的孩子在學校裡欺負我的兒女，只要動手，我的兒女必摔得他們滿地爬！兒女不欺人，但絕不被人欺。

痛下決心武裝自己

最後我建議妳從今日起停止批評、憤懣、抱怨。痛下決心武裝自己！因為美國是兒童的樂園，中年人的戰場，老年人的墳墓。我們身處「戰場」卻看不懂武器使用說明書（英文知識），不瞭解敵情（美國人的風俗習慣、文化思想和生活方式等等），沒有辦法審問「俘虜」（不能用英文與願意同妳做朋友的美國人交談）。任何人身處這樣的「戰場」，如果不痛下決心研讀「武器說明書」，「瞭解敵情」和「審問俘虜」。只是成天批評、憤懣、抱怨，除了使自己不快樂以外，周遭的親人也被妳傳染得不快樂，對自己、對家庭、對事業永遠不會有幫助的，妳說呢？

請他進來坐坐．淑女少說這話

妳說：「我請他進來坐坐，他就毛手毛腳」。

中美二國女人的思想大大不同，美國女人沒有三從四德的傳統，個個都是獨立個體。一九八〇年開始，美國女人從西點軍校畢業，女人參加陸戰隊與男人一樣受訓在軍中服役，男人能做的事，女人都要參加。因此，美國女人喜歡一個男人往往是採取主動的，她會把她家的電話號碼告訴男人，叫男人打電話給她。

男女約會吃飯、看電影、跳舞，男人送女人回家到家門口，中國女人請他進來坐坐是禮貌。美國女人請男人進來坐坐或喝杯咖啡就表示同意上床。女方沒開口，男人可以問「可不可以進去喝杯咖啡？」女方說「可以」，也表示同意上床。

如果妳明瞭這種風俗習慣，妳應該明白表示：「我請你進來坐坐只是我的客人，不代表任何其它的意思。」或說得更明白：「It's not concern with birds and bees（與性無關），」他進妳家以後，就會規矩。

美國人，不論男女，他們腦袋裡根本沒有含蓄或半推半就這種五千年歷史文化的精粹，他們只有Yes或No，Yes就「坦誠」相見。

妳請他進去坐坐是禮貌，他卻認為妳同意上床，這真是中美文化的大誤會！

舊車當新貨．可能不可能？

你說：「賣車的人會不會以八五年的車當八六年賣？偷換車裡的零件？」

每一部車在前面擋風玻璃左或右下角都有一個Serial No. IFABP4638 FH199943。從這一連串數字和字母裡可以知道這是那一年份，那家工廠，那種顏色，鑰鎖和那一型車。

你說，車行以八五年車當八六年車賣根本沒有這回事。因為車窗價目表上已經清楚寫著：Model 1985 Grand Marquis 5.0 Engine。

美國是被法律控制的，法律保護消費者，每一家車行都買巨額的國家公債，車行詐欺顧客，顧客告上法庭，法庭判車行有罪，車行就要以國家公債先做為賠償顧客的罰款，你是車行老闆你願不願意冒這種險？

至於偷換零件，我保證沒有人要做這種事！比如偷換冷氣吧，一部全新裝在汽車裡的冷氣是七百元上下，一個汽車技工一小時的工資是五十元。拆一臺冷氣要二小時，裝一臺冷氣也要二小時，一拆一裝就是四小時，四小時工資要二百元以上，拆下來的冷氣賣給誰？再說，拆完冷氣還要把車裡修好又是錢！如果拆的是舊零件連工錢都不夠！

火星塞在KMART買一元錢一個。你的車是八汽缸的車，換八個火星塞自己買不超過十元。送到汽車廠換八個火星塞就要六十元。原因無它，汽車技工工資太高！再說舊東西在美國便宜得不得了。如果你的車是五六年以上的車，你自己又會修，你到廢車場（Junk Yard）去找零件便宜得很。

美國不是沒有騙人的事，美國人騙人之前不是先找好法律漏洞，以便被告時能脫身，就是準備被告賠款，等而下之的就是準備坐牢。

中國人騙人是騙了再說，能躲就躲，能不見面就不見面，逃不過躲不過就「理不直氣壯」耍無賴！

至於以八五年車當八六年車賣，我相信不論是中國人還是美國人開的車行都不會幹這種事。

子女開名車．遭同學嫉妒

妳說：「我孩子在學校被美國學生欺負，車窗被打破，車身畫得亂七八糟……」

從「車窗被打破……」這句話我可以肯定妳讓妳的兒子（或女兒）成為被欺負的對象。

民國四十年，我因為不聽話不幸被板橋中學開除。家父把我送到澎湖防衛司令部子弟學校（現在的員林實驗中學）。這所學校的學生是八所山東流亡學生組成的學校，那所學校的學生用一無所有來形容絕不過份！

全班我是唯一有褥子和被子的學生，全校穿剪短了的牛仔褲和車胎底皮鞋的也只有我一個。我，只不過比一無所有好一點而已。但在同學眼中，我已經是「鶴立雞群」了！他們不欺負我欺負誰?!這是人性如此！

美國念中學的孩子，不論多富有的家庭不大會為兒女買新車，中學生開的車都是五百、一千元的車，我相信妳為妳孩子買了一部全新的名車，或是八九成新車，這種車一開進學校就表明了「來呀！來欺負我呀！我跟你們不一樣哦！」

如果美國人沒有妒忌，英文不會有Jealous這個字！是妳讓妳的孩子「鶴立雞群」而成為被欺負的對象！再說，二十五歲以下的孩子汽車保險費已經貴得不得了，他的車窗一再被打破，車身一再被刮，汽車保險費就更高了！保險公司說不定不保了！

從現在起為妳孩子買一部五百或一千元的車，穿與別的孩子一樣的衣服就沒事了！

適應美國．要改前非

姓如其人．奉勸甦醒

常言說：「一種米養百種人」王公子在這裡要給下列幾種型的朋友每人寫一封信勸勸他們。至於姓嘛就採用合他（她）身分的姓，實際上他（她）並不姓這個姓。

※　　※　　※

錢太太：

一談起在自由祖國做生意的時候，您就容光煥發，真有成就感！要風有風，要雨有雨，不論什麼機關上上下下您都罩得住！

一旦到了美國，住在灣區最高級地區，開最好的汽車，但是卻洩氣的很。一來老美不知道您是何方神聖，您也沒辦法用他們的語言告訴他們您是何方神聖；二來連您的兒女們也不聽您那一套；三來開車嘛只能從山頂開到山下，而且還得自己開。因此，一連說了八十個：「在美國，一點成就感都沒有！」

在美國，要有成就感並不難，但對閣下來說卻很難，因為您一直沉醉在過去用「小腦」拉關係、鑽門路、送回扣的成就感裡。美國是一個人人得用「大腦」的社會，而妳的大腦是空的！

妳要有成就感，除非實實在在地把知識，灌進大腦也好，記入大腦也好，再對美國社會的一切進行瞭解，三、五年內，妳一定會有成就感。只會用小腦裡的那些「技倆」，在美國是罩不住的呀！

抱歉抱歉，王公子嘴裡長不出象牙來！

※ ※ ※

牛先生：

我不知道該恭喜你，還是為你難過。恭喜你是因為你學工學得那麼全神投入，以致把自己變成會說話，會吃飯的Robat。

Robat在生產線上只聽命於電腦操作人，電腦操作人放進去什麼程式，它就做那一種工作，它沒有意見，沒有思想，也不和左右的Robat有任何來往。你學工學得和Robat一樣，怎麼教人不佩服！

我也為你難過，從那方面看你都是一個真真正正的人，但是你的思想方式卻和Robat一樣是機械性的。雖然你有美國大學的學位，卻對美國社會情況、風俗習慣、人際關係一竅不通。有一天，你會和用舊了的Robat一樣被老美丟入「大垃圾筒」裡！

常言雖說「江山易改，本性難移」，你真的不能變變嗎？真的要等老美無情的給你一張支票叫你走路的那一天，才會清醒的認識老美無情可講嗎？唉，真為你難過！

※ ※ ※

刁先生：

我老早就知道你生意會愈做愈小，因為你從小就唱沒有「譜」（計劃、策劃、合約等）的歌，長大了，都是朋友嘛，大家都會「唱」，於是組成一個「合唱團」（公司行號等），一切籌備就緒對外「登臺演唱」（開張營業），你閣下竟然唱的高八度，原因是「你出的錢最多，當然聲音要最大，其他的人都應該隨你的聲『唱』」，咦！另一個人唱的聲調更高，原因是「地點是老子找的，我懂經營，憑什麼要跟著你唱！」剩下「和聲」的人不知該「和」那一個人的聲，於是天下大亂，大家翻臉，「合唱團」解散！

你只有二種方式唱，一種是唱洗澡歌——愛怎麼唱就怎麼唱，反正「水」錢由你付，愛怎麼用就怎麼用。一種是獨唱，反正「伴奏」的人是你花錢僱來的，你唱什麼調，他們就奏什麼調。

你沒辦法與別人「合唱」，因為你不懂合唱要有「譜」，所以生意愈做愈小。

美國人從小就唱有「譜」的歌，組成「合唱團」大家照「譜」唱。除非買票的聽眾（顧客）不踴躍，「合唱團」維持不下去而散夥，美國的大小「合唱團」沒有人不照「譜」唱的！

奉勸任何人有朝一日與人合夥——尤其與刁先生合夥時，先把「譜」寫好，「音符」（該遵守的事）訂明，大家照著「譜」唱，照著「譜」說，也得照著「譜」做才有長利。

明明是賺錢的生意，你非要唱高八度，好了，散夥了，五個月前大家好朋友，如今形同陌路。王公子早就說過中國人的生意愈做愈小，從你這裡又得到一次證明！

※ ※ ※

悔先生：

在美國，你那種「為別人而活」和「前門怕狼，後門怕虎」的看「小」不看「大」的個性，會讓你永遠生活在後悔中！

你要賺什麼錢，你就應該對那一種行業進行研究、分析和瞭解，不能靠別人的意見來支持你的看法。

三年前，你在舊金山日落區看上一棟房子，這棟房子的情況不好，但價錢好，只要九萬元，你認為可以買，但要找來你的親友希望他們支持你的看法，要大家都說

「好」，你才有自信，任何人提出一點點意見就能動搖你的決定，要是提出反對的意見就能使你的決定崩潰，偏偏中國人可會「唱低調」了。

還沒等你把親友找來看，房子已經賣給別人了。現在這棟房子漲到二十萬，三年漲一倍！你後悔得要命！

美國人懂得看好而便宜貨的人多了，他們對這種貨有研究，有瞭解，一旦碰上機會就當場決定。

如果你不想再後悔，面對投資房地產又那麼有興趣，你就應該在房地產這方面痛下工夫研究，因為有研究而懂，因懂而有自信，有自信才可以當機立斷逮到機會。否則，你將永遠生活在後悔中！

※　※　※

霸先生：

中國人一旦當了老闆或獨當一面時，劉邦型的人都會成功，因為他知人善用，而項羽型的人往往會關門大吉，因為剛愎自用，不能用賢。遺憾的很，劉邦型的人如鳳毛麟角，而項羽型如閣下的人卻多如過江之鯽！

項羽先生最大的「優點」是不自省，不承認自己有錯，不聽意見，不用人才，喜歡搞政治出風頭而沒有班底，不說實話而死要面子，以致最後在烏江自刎的時候還仰天長嘆：「此非戰之罪，乃天亡我也」。

北加州福特水星牌汽車銷售冠軍——舊金山灣區國馬汽車公司的總經理沈淳一先生用很簡單的方法達到最好的投資回報：

1. 先使你的員工滿意。員工滿意，才能照顧和招呼客戶，而使前來修車、保養車和買車的客戶滿意。
2. 顧客滿意，才會介紹顧客，也會再來。
3. 員工和顧客都滿意，老闆自然得到投資回報。

我知道你鐵會把嘴一撇；好好好，恭請聖上息怒，就當小的放屁，您繼續稱「霸」！

※　※　※

冷先生、冷太太：

常言說：「勸和不勸離」，我是勸你們離！

愛情這種事是先有愛，因為愛而迸出火花，有了火花才點燃愛之火，於是一發不可收拾，只好共結連理。

愛火在二人相處之下會因各種因素而慢慢熄下來，於是變成「情」，如果二人受內在和外在因素影響過大，而連「情」也沒了，還在一塊兒幹嘛？

在美國，一天足足幹八小時，加上來回車程就是十小時，回到家已經累的半死，回家看到愛的人也會精神為之一振，偏偏回家要面對一個不愛也沒情的人，遇上這種情況保證比你單身還要難過！

離了，大家還有機會再重新來過。重新來過很重要，因為美國是一個下了班以後就高度寂寞的國家，回到家有一個可以談談、說說的人是很重要的精神支柱。任何人視回家為進冰庫，還不離而情願背愛的十字架，那就背吧！

※　　※　　※

老先生：

您上了年紀，聽不得任何人說堂堂中國人的一點缺點，一聽就怒，下面說什麼就不管了！當然，我從小就受中華文化陶冶，豈有不知敬老的道理。敝國同胞只要一老，不論他言行如何，大家都得對他努力尊敬，即使老到自己都弄不清自己姓什麼的時候，只要「偉大」就有人幫他打出「人生七十才開始」的口號。

小的在這裡不能不向您老稟告一聲，亞美利加這個蠻邦的洋鬼子們硬是沒有「敬老」這一說，任何人不論年紀大還是年紀輕，也不論地位高還是地位低，更不管職業賺錢多還是賺錢少，如果大家尊敬他，英文說：「He earns the respect.（他賺來了尊敬）。」Earn（賺）這個字是指一個人付出了心血和代價後才有收穫。一個人表現出來的言行值得大家尊敬，大家才會尊敬他，絕對不是人老，官大，財大氣粗就受人尊敬。相反地，不論你是什麼人，只要你做出來的事和說出來的話不教他尊敬，他們洋鬼子可不會像我一樣洗耳恭聽以示敬老、敬官和敬你財大，他們會當你面把中指伸出來的！啊，什麼意思？用臺灣話最傳神，就是「幹」！

不相信我說的，你可以用底下這個問題問老美：「你知道這個人是春宮電影演員，他與你說話的時候，有禮貌，用字又文雅，你是尊敬（Respect）他，還是卑視（Despise）他？」你看看他怎麼回答你！

※ ※ ※

皮先生：

美國故總統甘迺迪說：「不要問國家為你做了什麼？你為國家做了什麼？」同樣的道理，「不要問大家為你做了什麼？你為大家做了什麼？」

我，王定和為大家寫了一本《在美生活須知》（另一本則是《在美求職、賺錢、投資和養老須知》），而你閣下竟然人嘴二張皮隨便動動：「他不是專業人員，不應該談那些專業問題」，就這樣否定這本書是吧？

沒錯，我不是專業人員，可是我有弄懂專業問題的權利，更有寫出來告訴大家是怎麼一回事的權利。光是「小額訴訟法庭是怎麼一回事？」這篇文章，我就進出舊金山「小額訴訟法庭輔導處」七次，去問清楚那些豆芽菜（英文）說的是什麼！

在這裡我無意為這本書做宣傳，是要反駁你這種自己不做，一旦別人做了，就人嘴二張皮隨便動動予以否定別人的人！

孫威廉醫生說：「……近日友人送來王定和先生編著《在美生活須知》一書，閱讀之後不禁拍案讚嘆。該書主人為中國人服務集各方經驗，言簡意賅，其中對身分、居留、法律、經濟、營商、保險、房屋都有正確描述。若在來美以前能閱讀此書，更是得益匪淺。本人居美雖說十多年以上，並打入美國社會，然此書真勝過我在美十餘年之經驗。本人願鄭重介紹，在美華人應人手一冊……」（文載一九八三年三月二十四日《華府新聞報》）。

汪寧清博士來函說：「……有美國大學學位的人應該一讀《在美生活須知》，沒有學位的人更應該一讀，因為這本書文筆生動，深入淺出，文句情節涵蓋哲理、觀念、解析與實施方法，且引述許多實例，並以豐富內容，暢通的筆調（如同說話）一揮而下，對大家在美國生活極有幫助……。」

汪寧清先生在一九六九年得史坦弗大學（Stanford University）電機工程博士，現任史坦弗大學研究所亞洲部主管。

還有其他人的書評都刊印在該書的最後一頁請自行參考。

這些人的書是白讀的？沒有兩下子能做到現在的職位？與我王某人非親非故，如果這是一本爛書，就是跪在地上求他們，他們也不會自砸招牌來說這些話！兄弟在這裡叩謝各位的鼓勵！用再學來報答各位，套句電影宣傳「敬請期待，不日上映」。

皮先生，從今天開始，以你所學的專業知識來為你同胞做點事，少來「祖傳祕方」——我好不容易才知道這些，怎麼能說或寫出來讓你學到！讓你學到我還吃什麼？你要搞這種「祖傳祕方」就不要怪我這非專業人員弄懂寫出來。

至於信口說「他不是專業人員，不應該談那些專業問題」的話，除了表示你自私之外，不能傷我半根毫毛！

美國人所以有今天的成就，除了可口可樂有「祖傳祕方」之外，大學生可以照著書本造出原子彈，美國什麼資料和報告都是公開的，只要會看豆芽菜就行！為你的同胞做點事吧！要明白，大家都好過，你我才能好過！

「在美生活須知」開頭第一句話就說「美國不是人間天堂」，我絕對沒意思把美國說成「天堂」使你誤解美國人都是「天使」。只有你瞭解「中國人因為人治和專制而這樣」，然後再去跟美國人交往，瞭解他們因為「民主與法治而那樣」，你才真真正正「知己知彼」而在美國生活得快樂。

1988年4月，我太太說：「付了好幾年的地產，究竟在那裡？」於是我們從舊金山一路開車開到Palmdale市。當天住在Motel 6。第二天考察Palmdale和Lancaster兩市，發現這兩市的房子建築如雨後春筍欣欣向榮。

回到北加州以後就跟EIC Group的陳正興先生連絡，我加入EIC Group推銷該公司的土地，我在世界日報做的廣告，廣告費由EIC付。EIC的老闆王景祺先生同意，於是我正式透過陳正興先生與EIC簽約，陳正興先生抽取我佣金的4%。這時我開始努力學習「地產知識」，在1988年9月把家從舊金山搬到Lancaster市。

1984年12月9日加州管理學院靜一先生在《世界日報》投資專欄上指出：「土地開發； 美國地大物博，正在成長的都市尚多。……只要投資者詳加研究『地點』發展的潛能，覓到良好位置的土地，則此行的投資回報率，往往高於其他行業，值得投資。」

加州供私人買賣的土地，只佔12.93%。除去農業用地，實際准許私人買賣建築用地只佔6%或7%。因此，加州任何一個地方只要符合下列十項條件的土地都在十五萬以上到三、四十萬一畝。這十項條件是：

一、可用而平坦的土地；

二、有充足的水源；

三、靠近大都市；

四、有便利的交通網（高速和市內公路）；

五、有都市計劃；

六、有公共設施及預算；

七、目前與將來的學校；

八、現存與計劃中的工業設施；

九、現存與計劃中的商業設施；

十、人口增長。

任何土地具有這十項條件，其漲價幅度往往驚人。1985年7月15日美國全國性《新聞周刊》（Newsweek）第56頁以大標題Aerospace Valley Takes Off三頁篇幅報導該二市。該文以圖說明這二市乃Silicon Valley's Rich Second Cousin，除此以外，1984年2月《California Business雜誌》也以三頁 報導此地。各地報紙如《洛杉磯時報》（Oakland Tribune）等紛紛報導此二市，換句話說，老美都知道投資在這二市的土地和建築有錢賺，我們老中會看這些英文報導的往往不懂賺錢，會賺錢的往往不看這些英文報導。

我編著的「美國地產投資須知」一開始就說：

投資房子好呢？
還是投資土地好？

首先你要問自己有沒有閒錢？沒有閒錢，而你付房租的錢可以付買房子每個月的分期付款，則你應該買房子。房子自住每月所付的貸款利息可以抵稅。出租也可以用收來的租金付每個月的分期付款的一部或全部。

投資土地百分之百是閒錢，因為一直到轉賣出去之前只有出沒有進。投資土地時機對的話，往往賺本金的10倍，20倍，甚至30倍！

1979年Lancaster市中心點可以蓋房子的地只有三千元一畝，1989年價值八萬元一畝！

在房地產上真正賺錢的是誰？

只有二個人，一個是地主，一個是建築商，若是地主兼建築商更賺。對買房子的人來說，地主和建築商已經先賺了他至少五年以上通貨膨脹的錢。

在美國，如何投資房地產？

60歲經過地產投資，資金被經濟不景氣卡在土地上幾乎破產的教訓，得到下列的經驗，供大家參考；

買房子之前，你應該瞭解
自身所處的地位和條件

沒有房子的人都想去買一棟屬於自己的房子，每個月付買房子貸款的利息給銀行及每年所付的房地稅可以抵稅，房子又可以增值，想法沒錯，但是現實對想法會很無情的！

如果你只憑自己的「想法」去買一棟房子，「現實」很可能會使你一無所有！因為：

在美國，不論那一種行業，尤其是理工界，只要到四十五歲以上，就有被公司玩「Peter's Principle遊戲」把他解僱的潛在危機。公司用給他的高薪再僱二個年青碩士或博士。

一旦你在五十歲上下被美國公司解僱，你突然會發現「美國雖大，卻無我工作之處」！

一九八六年，臺灣任何一所大學要找一位在美國學有專長的碩士或博士去當教授，難哪！現在，臺灣任何一所大學要找一位大學教授，具有美國大學博士學位的應徵者少說也有幾十人，這些申請人以四十五歲以上的中年人佔絕大多數，都是美國回去的!

張先生顯然不知道他在四十五歲以後有隨時會被美國公司解僱的危機，在四十七歲那一年買了一棟價值二十五萬元的房子，五萬元頭款，向銀行借二十萬，一九九三年五十三歲被公司解僱，不論他多麼努力的找工作，他終於發現沒有公司僱用他再當工程師。

二年多來靠失業救濟，自己的儲蓄和太太做散工的收入來貼補房子的分期付款，到一九九五年底支撐不下去了，他的房子只有二條路可走，一是自己賣掉，經估價二十一萬，付了佣金，一個錢也拿不回來，二是等銀行收回去拍賣。到此已經證實「現實」對「想法」很無情！

四十歲上下來美國留學或移民的朋友，經過數年省吃儉用，你應該瞭解自己所處的地位，本身所具備的條件和本領是公司裡的「江湖一把劍」— —沒你不行，當然可以買房子。如果公司少了你這樣一個人，公司不會受影響，你就應該清醒的瞭解，你的錢是一點一滴存出來的，年齡又接近「知天命」，你沒有因為自己的「想法」而錯一次的本錢！

如果你今年四十五歲，存了五、六萬元要去買一棟價值二十萬元的房子，你要瞭解這棟房子不是你的，「房東」是銀行！租房子每個月付房租給房東，有選擇權，有錢租好房子，錢少租差一點房子，買房子也是付房租給「房東」，你沒有選擇權！租和買房子的最大不同點在於你的年齡，職業穩定性和五、六萬元頭款，這五、六萬元投對了就有「退路」，只有「想法」而不知「現實」去買了房子，投錯了，你可能與張先生一樣面臨進退兩難。

四十五歲把五萬元投入EIA.的S&P500「指數年金」，保證只賺不賠十年以平均12%的利得計算，每六年翻一倍，如果你在五十五歲那一年被公司解僱，你找不到工作，你「指數年金」裡約有十七萬元上下，你可以在五十九歲半前拿出來，要罰12.5%，再付稅後約可拿到十二萬元上下，拿這筆錢回中國。隨便找個工作能拖到五十九歲半，「指數年金」內的錢超過二十萬元了，這時拿錢沒有罰款，但要付當年所得稅。此時看情況或留在美國或回中國。

「有錢行遍天下，無錢寸步難行」，四十五歲上下的人存了幾萬元，不是先去買一棟房子，而是先把自己的「退路」計劃好才能對抗「現實」的無情，你說呢？

買房子之前，你更要仔細計算

一旦生活穩定，又有足夠的收入，就考慮要買房子了。買房子之前應該了解下列各種情況:

為什麼中國人聚住的地方，房地產價格就特別貴?

中國人移民到美國的舊金山以後大多數的人要住進列治文區和日落區，到了紐約要住進法拉盛區，到了洛杉磯要住進蒙特利公園市。

1978年舊金山日落區一棟室內面積一千平方尺的房子，只要五、六萬元，有些會賺錢的房地產經紀一轉手七、八萬賣給香港或臺灣來的中國人，很多人不喜歡付銀行利息，不是一次付清就是頭款很大，頭款大向銀行借錢當然容易，等買主發現自己吃了虧，以十萬或十一、二萬的價錢賣給後來的中國人。

美國房地產估價師（ Appraiser ）是根據你要買的這棟

房子前後左右三條街之內同樣的房子，在三個月之內賣了多少錢，三個月內沒有買賣，六個月之內賣了多少，依此類推估出你要買的這棟房子多少錢，做為你向銀行貸款的憑據。

你要買的這棟房子，原本六萬元，三個月之內，在前後左右三條街之內，有同樣的房子賣了十萬元，你要買的這棟房子就表示市價十萬元。

不要多，一個區內只要有很少的幾位房地產經紀賺「快錢」，這一區內的房價就節節升高。

再來，舊金山市的日落區和列治文區，紐約市的法拉盛區都是老區，房子有一定的數量，而來到舊金山市和紐約市的中國人都要住進這一區，房子供不應求，這一區的房價非上漲不可！

1978年舊金山日落區的房價平均五、六萬，1983年漲到十三、四萬，1988年漲到三十萬以上！你看看房價怎麼漲的。

日落區的房主開價二十五萬，買房子的中國人一個比一個亨，張三出（ Offer ）二十六萬，李四出二十七萬，王五出二十八萬搶著買，房價一下子就上到三十六、七萬！

只要是中國人聚住的地區，不論舊金山、紐約和洛杉磯都發生這種情況。

洛杉磯市東邊的蒙特利公園市，號稱小臺北，這個市六平方英里，除了上述的問題以外，還有一個問題，那就是南加州缺水。因此，在南加州每一個城市（City）的發展和計劃是按配水人口多少來規劃的。

假定蒙市配五萬人口的水，那麼蒙市的學校、交通、垃圾、公園等就按五萬人口設計和規劃。

移民到洛杉磯的中國人裡，相當多的人要住進蒙市，蒙市的人口就會超過五萬，超過五萬人口，蒙市的學校、交通、垃圾等就發生問題，於是市議會通過議案並授權市政府限建，限建使房價上漲。

還有就是學區，只要是有名的好學區，中國人就往裡搬，聖荷西市西邊的庫柏帝諾市（Cupertino），洛杉磯市東邊的喜瑞都市（Cerrito）的學區是一流的，於是中國人就往這裡搬遷，希望自己的子女進入一流學校，將來好讀一流大學。

以舊金山市洛威爾高中（Lowell High School）為例，這是排名全美國十大高中之內的學校，進學校的標準是只考英文和數學二科，成績要考到前五十名才有錄取的機會，該校三千多學生中亞裔佔70%，中國人佔亞裔的44%。

雖然該校學生個個優秀，但高中畢業後不是個個都能進UC Berkeley大學的！在你搬進好學區之前，你仔細的觀察子女是讀書的料嗎？能考進前五十名嗎？不管，先住進好學區再講，這樣一來，這一區的房價會不高嗎?!

買房子不只是安身立命之所，還得仔細算計

你年薪五萬，要養太太和一個小孩，你的付稅率加社

會福利約18%上下。因此，扣稅及社會福利後拿到手上的是四萬一千元，$41,000÷12個月＝每個月$3,416元。

如果你要買一棟價值二十萬元的房子，銀行只借給你每年收入$50,000元中的30%，也就是$15,000元，這$15,000元中還包括一年二季房地稅約二千元和六百元上下的保險費，每月平均是$1,250元

二十萬的房子，你付20%頭款四萬元，向銀行借十六萬，年利率7%，三十年付清！每個月連本帶利要付$1,064元，加每月$160元房地稅，再加每個月$50元火險費就是$1,274元，剛好合格，如果利率是8%或9%，你的頭款就要五萬或六萬才行，你每個月實際拿到手的$3,416元中的40%以上要付房子的貸款！。

年薪五萬，照人口比例算，大概每一百人裡有一個，如果康斗（Condo）都要賣二十萬，買得起的人照年收入比例算起來就少了。房地產業在不久的將來要萎縮——買時容易，賣時難哪！

買房子付的貸款利息可以抵稅之外，稅法規定「在這棟房子裡住滿二年，賣房子所賺的錢1997年是50萬可以不付稅拿去養老。舉例:

你1975年40歲，五萬元買了一棟房子，到1999年賣了50萬元，賺了45萬，你們夫妻這45萬不必付稅。（20年這棟房子賺了900%）

1988年或現在，你也40歲，在上述所說各項房產漲價原因之內，以50萬買一棟房子，二十年以後，這棟房子能

賣200萬嗎？恐怕很難吧?!

所以買房子不只是安身立命之所，還得想到日後賣出去以後免稅部份自己養老用。

投資土地就要開發，今年買地，今年就做Tentative和Track圖，明年或後年就開始蓋房子賣。這就好像開金店的人。$300元一兩買進黃金後，立刻做成項鍊、戒指等手飾五樣，共賣$1,000元，扣除店租、工錢、水電等費用還可以賺$300元。

在土地銷售上我也賺了錢，當陳正興要我付廣告費的時候，我也付了一部份。後來我從Lancaster去EIC公司開會，我對王景祺先生說：「廣告費應該由公司付，為什麼陳正興跟我要？」王景祺先生說：「廣告費由陳正興簽字領走了。」並請出納把陳正興領錢簽字的單據拿給我看，原來這小子玩這麼卑劣的手法，暗中從EIC拿廣告費，轉頭再向我要廣告費，太貪了吧！

我立刻到舊金山市580 California St. 16樓找Dvaid R. Benjamin律師給陳正興一封正式解約信，重新與EIC直接簽約。

對陳正興這樣不誠實的人，我不會給他面子的！

說到這兒就想起來1989年4月到Philadelphia市的聯邦法庭告「玉民書局」。

在美國，你的「權益」受到侵害，要不要告上法庭由你自己決定。現在請你聽聽兄弟單槍匹馬從頭到尾「幹」

對方的報告：

話說一九八五年底，王公子在全美國「世界周刊」上做廣告，「凡是買到封底廣告只有黑白沒有彩色的『在美生活須知』一書就是香港盜印版，請寄回給作者，並告之在那一家書局買的，本人立即以最新修訂本寄給您。」

新澤西州有位讀者將此盜印版的書寄來，並告之在「費城玉民書局」買的。本人立即寄一本最新修訂本給此讀者，同時把美國版權和海關登記寄給玉民書局負責人，要求一千五百元賠償和解，他們連理都不理。

一九八八年四月本人親自到「玉民書局」買到該書香港盜印版，由於律師費驚人，第一次和第二次書局賣香港盜印版被告的賠款，不但全都被律師拿走，我還得貼錢。這一次我從頭到尾把以前的訴狀仔細讀，讀完了，我自己告！

一、訴狀寄到費城聯邦地方法院，登記字號是88-4647。登記費120元，再付4元由專門送傳票的機構將傳票送到玉民書局。該書局仍然不理。

二、法院通知我，玉民書局不提出辯護（PLEAD），教我根據聯邦法規第五十五條將缺席（DEFAULT）送進法院。這DEFAULT是啥玩意？咱家跑到洛杉磯聯邦法院圖書館將此條查出並影印。原來是給法院主持事者一封信，內容是「被告（DEFENDANT）不回答法院的傳票，其已缺席（DEFAULT）就行了。

三、此信寄到法院後，法院通知來了「一九八九年四月十二日上午九時十五分在601 MARKET ST費市聯邦第八法庭舉行損害公聽」。這時玉民書局理我了，老闆說：「我的律師說『只要賠錢幾百元就可以了』，又說「我的律師百分之百可以打贏這場官司」。此時，王先生上法院看美國法律怎麼說的決心已定，上法庭！

四、屆時法庭門一開，原告和被告進入法庭，王公子單槍匹馬坐到原告（PLAINTIFF）位子上，被告和律師坐到被告（DEFEDANT）位子上。

法庭人員問明雙方姓名及律師姓名後，等待法官坐上法官席。

五、法官坐上法官席，雙方起立向法官致敬後，法官說：「請坐」，此時法官請我提出說明，我說：「『在美生活須知』一書不但有美國版權登記，還有海關登記」，說完把這兩種登記證明送給法官，回到位子繼續說：「玉民書局賣香港盜印版，我已寫信警告他們不得在美國地區賣此書，他們不理。一九八八年四月，我親自到玉民書局買到此書」，說完再把此書及收據送給法官，同時把損害賠償要求如機票、租車、住旅館、送傳票等一一列單一併呈上。」

六、對方律師開始辯護：「書是由香港寄來的……，」法官反駁律師：「王先生已經寫信警告你們了，為什麼你們還賣？」，律師說：「王先生來買書的時候，是老闆太太的父親從庫房裡拿出來的……，」法官反駁說：「不管怎麼說，王先生親自到書店買到這本書是事實，現在暫停二十分鐘待我研究案情」。

七、法官再回到法官席說：「王先生要求損害賠償合理，再懲罰性賠款（PENALTY）一千元，合計二千五百九十五元，並把剩下沒賣完的書退還給王先生」，丈槌一敲定案！

八、四月十三日法院將法官命令對方賠償的命令（ORDER）副本寄給我。

九、五月十一日我還沒收到玉民書局的賠款和寄來的書，我影印法官命令（ORDER）告訴法官：「至今一個月沒有從被告那裡收到任何東西」。

十、法官於五月十六日發信給被告律師「隨函附原告的信，你的客戶不遵守一九八九年四月十二日法庭命令，你是否可以告訴我為什麼不遵守？如果十天之內不回話，我就認為你的客戶輕蔑法庭判決」。

十一、書和錢都收到了。

我第一次上美國法庭為自己而戰，憑心而論，美國的法官及法庭工作人員對原告與被告都予以尊重，法官反駁律師也是心平氣和的指出事實。

美國的「法」是獨立的，不受任何人的控制。因此，美國的法庭是「法院大門八字開，有理沒錢請進來」，美國人有冤有處訴。

一旦你的「權益」受到侵害，你又有足夠的証據，在美國這樣的社會裡，你還要認倒霉嗎?!

在羚羊谷（Antelope Valley）做土地生意的人不是只有我王定和一個人。有一家UPL地產公司的老闆姓董，他私自從我編著的「在美求職、賺錢、投資和養老須知」一書中抽取資料一字不改地編成一本他們公司賣土地的小冊子。常言說：「同行是冤家」我就請San Jose專門打版權官司的律師Daniel E. Kayler把UPL一狀告上法庭。

在正式上庭之前做一次預審，情況跟真實法庭一樣，有書記記錄雙方的言詞，這書記的工作由聖荷西J. J. Reporting Service派人記錄。由董先生請的律師主審，我來對抗。問的離譜，我的律師就會說：「反對objection，一共 問了四小時，主要的問題是『我受到多大的損失？』」我就避重就輕的回答。

這個案子最後是他賠三千元和解，條件是不公佈他們的公司和他的名字。我的律師勸我接受，我就接受了。

1991年經濟開始不景氣，到1994年底FDIC拍賣一塊土地，這塊土地3.5畝，地籍號碼APN.3112-004-029，己經做好Tentative Map，並被Lancaster市政府批准可以建17棟獨立房子，該號碼是49084，只要$105,000。太便宜了嘛！我一查這塊地是CCL Engineering開發公司花了$495,000買的。我竟然沒有警覺到這麼多的開發公司在這幾年裡紛紛倒閉，49萬買的土地被FDIC 10萬元就拍賣掉了！10萬還沒人買呢！

我offer FDIC 5萬元現金去買這塊地，FDIC竟然也同意了。雙方簽字進Escrow，我在「法」上就站住腳了。因此才通知一位合夥投資人游先生來看地，他帶了一位朋友來，他朋友問這塊地怎麼來的？我據實以答並把FDIC的資料給他，結果他向FDIC offer 9萬元（又被同胞幹），FDIC想要把這塊地賣給他，我立刻請律師發信警告FDIC不惜上法庭相見，FDIC才不敢造次。我之所以會如此用「法」來保護自己，實在是得力於陶龍生律師的指導。

買進這塊土地以後用盡辦法都賣不出去，因此1995年這一年沒有收入，7張信用卡被我花掉6張，這一個「大洞」就是10萬元。5年的時間才把「洞」補上，信用Credit好哇！

這時我參加NTC長途電話公司直銷，我把公司的「好」做成一份簡介請人打字，自己送到印刷廠印出來每本賣5元，書上印著©copy right，但偉大的中國人私下影印給他們的下線，這時我有反擊之心，但沒有反擊的「財力」了。我不是做直銷的料，忽然失去目標，不知道自己要幹什麼！於是心情非常沮喪，把大房子丟回給銀行，搬回自己的小房子住。人很消沉。這時我太太受不了了，哭著跟我說：「這個家要毀了，我不要成為你的負擔，我們離婚吧！」這一下驚醒了我。

1995年7月我正式加入WMA Security公司，回本行賣結合共同基金那種最新的VUL人壽保險。賣這種人壽保險要考取NASD Series 6和63兩種執照才能賣。我把Series 6和63從第一頁開始到最後一頁全部譯成中文，我學得非常非常紮實。這時王老公子重拾信心，面對現實努力學習。

1996年出版「投資、理財、多賺錢少付稅／不付稅」，1999年修正內容並將書名改為「投資、避稅、保護財產」。2006年再加進新作，這本書圖文及中英對照主要是：

從一個人基礎財務「生前信託、長期醫療保險、退休養老計畫和人壽保險」講起，一直談到風險最高的投資為止；每一個項目都有中英文說明：

夫妻不立「生前信託」，一旦死亡，財產都要經過遺囑認證法庭，要付很高的法庭費，夫妻立了生前信託，就可不經過遺囑認證法庭，可以把錢財留給子女。沒有「長期看護保險」一旦需要人看護時，得把所有錢財都花光變成窮人後政府才會管你。沒有「退休養老計劃」，就得多付冤枉稅，少賺很多錢。沒有「人壽保險」會付很多冤枉稅，少賺很多沒有稅的錢，因為最新的人壽保險是「投資、避稅、保障、活用和退休養老」五合一的保單，是為活著的人設想的，只是錢財多和少，職業不同、所投的人壽保險也有不同。

律師辦的講座是說「各種信託的重要」，投資公司辦的講座是說「股票與共同基金」，會計師舉辦的講座是說「如何節稅」，人壽保險經紀辦的講座是說「人壽保險的重要」，這本「投資、避稅、保護財產」包括這四項。

2006年出英文版。

我肯學，也願意學，因此我願意讀書、看資料，花錢聽專家「演講」，學通了再寫出來讓你知道用什麼方法投資可以100%賺錢，賺了錢用什麼方法把稅避掉。因此，可以小錢變大錢，有大錢的人要用什麼方法不被國稅局拿走而留給子女，你讀了這本書，你就知道；王定和是多麼高段的「財務顧問」了！

你的財務基礎安全嗎？

蓋房子要先建地基，一個人的財務安全也要先有基礎，你自己檢查一下你的財務基礎：

有沒有退休養老計劃（Pension Plan）？

1935年羅斯福總統簽署社會安全法案，那時候30個人付的退休養老金養一位退休老人。1945年美國人提倡節育，現在2.8個人付的社安養老金養一個老人。繳錢的人少，拿錢的人多，社會安全制度要崩潰，政府說你要為你自己存錢養老了。

有沒有長期看護保險（Long Term Care）？

1935年社安中30人付的錢讓一位中風或老人痴呆症的老人住療養院，有人24小時看護他。現在只有2.8個人付的錢不夠，因此你要買長期看護保險，否則你要把你所有的錢財花光政府才會照顧你。

有沒有生前信託（Living Trust）？

因為信託不會死，所以在你死後，你所有的財產不經過遺囑認證法庭，省下10%的錢財。夫妻財產今年在200萬淨值之內，因有生前信託，所以不付遺產稅（2009年每人遺產免稅額是350萬），超過200萬的錢轉到信託內的C也可以避過遺產稅。

有沒有人壽保險（Life Insurance）？

汽車、房子都是你賺錢創造出來的，這些是「花」，你才是「根」，但是你為汽車、房子這些「花」買保險，你卻不給自己的命買保險，一旦「根」死了，所有的「花」因為沒有人付錢也就都謝了！家人的生活因為你沒有人壽保險而立遭遽變！

買，簡單，只要簽字付錢就行，東西是你的以後就複雜了。如果你缺乏知識去保護你買來的房子、股票、生意、大樓等，就如同建在沙子上沒有地基的房子。沒「事」就「安」，一旦「出事」如病殘、傷殘、死亡等，就像是沒有地基的房子遇上大雨或輕微地震，「完了」！

每個人的財務狀況不同，要求的也不一樣，但上面四點基本財務安全是相同的。如果你想知道用那種方法投資避稅來存養老金對你最有「利」？那家保險公司的長期看護保險最好？保費又低？那位律師做生前信託很有經驗？以及現在最新對你最有「利」的人壽保險是那一種？你應該買一本「投資、避稅、保護財產」讀一讀。

1997年我遇到Moly Kay女士，她告訴我WMA這家公司招你進來的時候，說的是「掛羊頭」的話，合約裡全是「賣狗肉」的話。我花了一整天的時間研究WMA的合約果然如此，你看看加入WMA的美國人把合約給律師看，律師跟他怎麼說，你就知道你還要不要留在WMA公司任公司和你的上線騙了！

JOSEPH W.
ATTORNEY AT LAW
4565 RUFFNER STREET, SUITE 200
CALIFORNIA 2111-2115
TELEPHONE 292-0901

January 10, 1995

John A. Jr.
10310 Caminito Goma
[illegible], CA 9[illegible]31-1628

Re: World Marketing Alliance Associate Membership Agreement, Western Reserve Life Co. License-Only Agreement and WMA Securities, Inc. Sales Representative Agreement

Dear Jack:

After reviewing these contracts, it is obvious that the contracts have been written completely in favor of World Marketing Alliance and WMA Securities, Inc., and not in favor of the sale representative. For instance, you will note on page 4, #5 Nature of Contractor's relationship to Company, No Proprietary Interest, that "WMAS shall have exclusive proprietary interest in, or the ownership, of all customers, clients, and contractual relationships with other contracts and the Preferred Companies." So, while they may give you limited vesting under other parts of the contracts, the basic and fundamental point is that World Marketing Alliance and its affiliates, like WMA Securities, Inc., own all the business and its representatives.

Therefore, I would recommend that you or any associates resign from World Marketing Alliance as soon as possible to mitigate future potential financial damages to your associates and yourself.

Very truly your,

Joseph
Attorney-At-Law

我立刻離開WMA，到SCF公司。

2002年5月12日SCF Securities, Inc. 的C.E.O. Randy Meadow先生和Complicance Dept.主管Rick Almaguer先生根據NASD的規定對做的好的Broker要抽查其業務，他們二人來到我家由我提供給他們我的中文著作、專欄、英文著作和記錄，Rick Almaguer先生看了這些證據說：「D.D. SCF全美國有三千Broker，沒有一個人做到你的50%」，5月24日、25、26三天SCF公司在Las Vegas開Convention大會，我明顯的感覺到Randy Meadow和Rick Almaguer二位先生對我的態度大不同以前。我知道「I earn the respect我賺的尊敬」。

你是不是常聽成功的人說：「90%的努力，10%的天份」？在美國，我的確是90%的努力，10%的天份，以我的努力和天份，我應該住百萬豪宅，但只住五十萬的房子，這好比我應該是上將，怎麼會只到中校呢？憑心而論，我心裡實在很難平衡。如果你也有這種情況，你應該瞭解「因果業力阻你向上」，更應該知道「造惡因結惡果」的可怕！

美國耶魯大學醫學博士，精神病科醫生Brian Weiss把病人催眠以後問話，他發現人是輪迴轉世的，每一個人今生投胎時，他的腦子裡都會有一個記憶「晶片」，就像電腦中的晶體一樣隨人輪回投胎。因此一旦把人催眠後，他就可以說出前生前世或多生多世前自己的身世，自己與父母、妻子、兒女和兄弟姐妹等之間前生前世或多生多世之間的關係，今生今世再輪迴聚在一起，「有冤報冤，有仇報仇，有恩報恩」。

美國因為是基督教國家，基督教不信輪迴，在Weiss醫生為病人治療其精神病時，發現輪迴投胎的證據愈來愈強，他寧可冒著名譽被毀的風險，也要把人輪迴轉世投胎的事實寫出來。因此他寫了第一本「前世今生Many Lives, Many Masters」，後來又有好幾本有關輪迴的著作。

Brian Weiss醫生的科學發現證實釋迦牟尼佛老早就告訴我們「人」不但有六道輪迴，還有「因果輪迴」。**「因果輪迴」可怕哦！**

我的外甥女毛萃瑩女士閉關修道，修至開了「天門」，普通話就是有了「神通」，她可以看出你的前生前世，跟你父母、妻子、兒女和弟兄姐妹之間的關係，也可以看到你前生前世或多生多世所做的「惡事種下的惡因，今生結出惡果」。在我姐姐家，她問我：「大舅，你是不是常跟人家簽了合約，第二天人家就反悔了？」我說：「是啊！」我外甥女說：「大舅，你有19個冤親債主跟著你，你拼命的做，他們就拼命的阻擋，你在做個人私事決定的時候，他們就拼命的擾亂你的思緒，讓你做錯誤的決定。」

這冤親債主是怎麼來的？

外甥女告訴我：「大舅，你多生多世殺業太重，五胡亂華的時候，你是胡人，濫殺無辜。宋朝的時候，你是賣魚的又造殺生害命業障，被你殺的人和動物因為『恨』，只要你輪迴轉世，他們的『靈』就到處找你，找到你就是『報仇』，這就是為什麼你努力90%而得不到好成果的原因。」

她給我唐湘青居士撰的「因果報應錄」和無垢淨光著的「因果啟示錄水蓮」，讀了這兩本書，我才知道「因果」的可怕。如果你也很努力，但運氣就是那麼差，或那麼不如意，您不妨到廟裡要兩本 「因果」的書來讀讀。

要怎麼解這「怨恨」呢？

懺悔。誠心誠意的懺悔。每天早上起來虔誠的唸「金剛般若波羅蜜經」，在唸之前雙手合十說：「這個經是唸給歷代冤親債主，超渡各位，迴向給各位。」

科學已經證明人有輪迴，有輪迴就不能不知道「因果」，信與不信由你自己了。如果有一天，你發現王定和變成定和或定悟法師，那也不足為奇。

很多人不信有「因果」，更不信因果會輪迴，如果你能看到「因為你做壞事」而結的「果」可怕，你就不會做「壞事」了！這情形就好像；

你看不見能致人於死的細菌，所以你敢吃（不知有「因果」，所以做壞事），如果你看得見致人於死的細菌，你就會檢清淨的食物吃（做好事）。

你的物理沒有到那個段數，你就不能驗證愛因斯坦先生的「相對論」，但你不能說沒有相對論！這情形就好像你必須修到一定的境界，你才能驗證「因果」，並瞭解因果的可怕，你沒修到那個境界（就如同你物理沒修到那個段數）你不能說沒有「因果」（你不能說沒有相對論一樣）。

1979年9月Falore Buick汽車經銷商認為我不夠格當Car Salesman而把我解僱。趁此機會回臺灣辦點私事，同時上上電視節目。包正先生在民族晚報他的專欄裡說：「王定和是美國退貨的。」今天王定和用事實告訴包正先生；

我是臺灣第一個學士明星，也是24年來唯一的一個臺灣演藝人員憑他的「知識、專業與著作」在美國五十州的華人社區具有知名度的人。同時更向大家證明我王定和真的是「金絲雀」！

最後用「在美生活須知」的自序做為這本書的結尾。

一九七九年五月六曰，我移民美國，當時四十二歲，已是不惑之年；以政大教育系畢業的學歷，按美國標準已被淘汰四次；帶來的一千五百元美金是向現在住在紐約市的陳鐵輝先生借的。

在美國這樣高度專精的工商業社會裡，我移民美國所具備的條件是多麼的可憐！因此，內心的慌恐、茫然、困惑和挫折感天天拌隨著我，精神壓力使我整整水瀉三年！

在這樣的困境下，我在「世界日報」登廣告「不論什麼問題都免費回答」，每天電話不斷，我把各種問題歸類，如「向政府借生意貸款有什麼條件？」我去問會計師、「移民、離婚等」法律問題，我去問律師，把得到的答案寫下來登在「世界日報」和「遠東時報」上。

除此之外，參加美國人舉辦的講習會如AMWAY銷售法；到海關拿「入關須知」；警察局要「個人與家庭安全指南」；法院索取「小額訴訟法庭管什麼事？」等資料並譯成中文，按來美國先後次序編成一本「**在美生活須知**」。

當我開始做人壽保險這一行時，對投保人提出的問題如「我怎麼知道你賣給我的保險是最好的？」我回到公司問美國顧問，不但找到權威性報告，還譯成中文。

我發現太多的人不會看美國的權威報告和報導，反而「我聽親戚說……，我聽朋友說……」比權威報告和報導更「權威」！

太多的人也不瞭解美國各行各業分工分的很細，就「職業介紹所」來說吧，各種不同的職業，有各種不同的職業介紹所，要從事那種行業得找對介紹所。

為了使大家瞭解美國各行各業的專精和權威性的報告，我又根據各種資料中英文對照編譯成一本「**在美求職，賺錢，投資和養老須知**」。

跟美國人接觸，相交，閒談久了，發現中美兩國人基本上的大差異在於中國是個人「拳（權）力統治」，「我」最大！也是「拳（權）力教育」，「我」最棒！人人的「我」最大，最棒還有什麼合作可言呢？因此，人與入之間不但冷漠，也成為一盤散沙！

美國人是「權利統治」和「權利教育」，大家的「我」最大，多數人同意或贊成就是「YES！」，否則就是「NO！」，大家都有權利「Rights」表達自己的意見。因此，人與人之間不但可以合作；也互相尊重。

為此，我又在「世界周刊」裡寫中國人與美國人的差異、好壞，名為「**王公子開講**」，並集成一冊出書。

美國是一個隨時不行就「改」的社會，一九八七年稅法大修改，把一九八六年以前在稅法上給大家的好處幾乎全部刪除！從一九八八年開始的新稅法只留下「生老病死」的好處。於是我又編成一本「**生老病死基礎稅法**」。

一九八八年四月，我們全家從舊金山搬到洛杉磯北邊一小時車程的蘭卡斯特市（Lancaster），在這一新興區內研究地產投資，得到的答案是「投資土地不是最快，最好和最安全的方法，但確是唯一可以致富之道」。

致富一定要「懂」，懂就是瞭解「土地大幅增值所具備的條件，適當時機做成Tract MAP出售等等」。有憑有據的編成一本「**美國地產投資須知**」。

1995年9月23日我正式做共同基金和VUL，到2001年6年多來完成並修訂「**投資、避稅、保護財產**」四次，是第一個寫這種專業書的中國人。

我說這些，只是要問大家一句「你移民美國時的條件比王定和差嗎?!」，再來就是告訴大家「23年來，王定和不停的學！學！學！不但學，還要真的懂，懂了再寫出來，今天的王定和已經沒有慌恐、茫然、困惑和挫折感了，他對自己充滿了自信。」

任何人在美國生活得愉快和不愉快，絕不在於他是碩士或博士，也不在於他帶來的錢多和錢少，在於他真的「學」了多少和「懂」了多少，以及他對美國人和美國事瞭解多少?!

英顏說：「One ounce prevention better than a pound cure.一兩預防勝於一磅治療。」

美國的政治、經濟、教育、思想、生活方式等等，完全與中國人相反，一個要在美國生活的人，連「一兩預防」都不肯學，不想學，不願意學，甚至連眼睛都不睜開看看美國是怎麼一回事的人，他能不慌恐、茫然、困惑、挫折和沮喪嗎?!

很多碩士和博士不知道美國人會玩「Peter's Principle」的遊戲，一旦中年，高薪被美國人玩這種遊戲趕出公司，突然之間會有「天下之大竟無我工作之處」的沮喪。

如果知道美國人會玩這種遊戲就應學「一兩預防」，一旦美國人玩Peter's Principle遊戲的時候才不會被困住！

太多的人不瞭解真實的美國社會中是不可以動粗的，一旦動粗後果嚴重；揍不聽話的子女，對中國人來說是理所當然，對美國人來說，這是「Child Abuse凌虐兒童」不夠資格為人父母，子女會被警察帶走交給社會監護人員。

一旦子女被警察帶走，做父母的能不慌恐、困惑、茫然和挫折嗎?!

如果知道美國人用「Ground禁閉」罰子女在他自己房間內不准出來，等事過再講理，你的子女不可能被警察帶走！

希望這本書能促使您去探討、思考、瞭解「自己和美國人」，

因知己知彼而在美國生活得愉快！

寫在這本書的最後

17歲的時候，我有大腦但是沒有思想，因此我非常忠君愛國。30歲的時候，有大腦也有思想，因此我非常不愛那個國家。40歲的時候，大腦和思想更成熟，對那個國家「惡屋及烏」的厭惡感更強，於是選擇離開她。65歲用眼看，用大腦對比的更清楚，一旦中國被打，假定我有100%的能力救她，我無動於衷的看她被人打死！

中國這個國家的領導人是從大群沒品、沒格、是非、黑白、對錯混淆不清，賤自己人格而爬上領導人的位子的，一旦他當領導，他任命的「官」能有品、有格嗎？是非、黑白、對錯分的清楚嗎？人格能誠實嗎？在眾多賤品賤格官的管治下，中國教化出來的人民是可愛的少，不可愛的甚至可憎、可厭、可惡的多！

您閣下例外！

國家圖書館出版品預行編目

前半生中國人後半生美國人 / 王定和著. -- 一版
臺北市 : 秀威資訊科技, 2006[民 95]
面 ; 公分. -- 參考書目：面
ISBN 978-986-7080-25-7 (平裝)
1. 論叢與雜著

078 95003865

語言文學類 PG0012

前半生中國人後半生美國人

作　　者 / 王定和
發 行 人 / 宋政坤
執行編輯 / 李坤城
圖文排版 / 張慧雯
封面設計 / 羅季芬
數位轉譯 / 徐真玉　沈裕閔
圖書銷售 / 林怡君
網路服務 / 徐國晉
出版印製 / 秀威資訊科技股份有限公司
台北市內湖區瑞光路 583 巷 25 號 1 樓
電話：02-2657-9211　傳真：02-2657-9106
E-mail：service@showwe.com.tw
經 銷 商 / 紅螞蟻圖書有限公司
台北市內湖區舊宗路二段 121 巷 28、32 號 4 樓
電話：02-2795-3656　傳真：02-2795-4100
http://www.e-redant.com

2006 年 7 月 BOD 再刷
定價：310 元

讀　者　回　函　卡

感謝您購買本書，為提升服務品質，煩請填寫以下問卷，收到您的寶貴意見後，我們會仔細收藏記錄並回贈紀念品，謝謝！

1.您購買的書名：________________________

2.您從何得知本書的消息？

☐網路書店　☐部落格　☐資料庫搜尋　☐書訊　☐電子報　☐書店

☐平面媒體　☐ 朋友推薦　☐網站推薦　☐其他__________

3.您對本書的評價：(請填代號　1.非常滿意 2.滿意 3.尚可 4.再改進)

封面設計____　版面編排____　內容____　文/譯筆____　價格____

4.讀完書後您覺得：

☐很有收獲　☐有收獲　☐收獲不多　☐沒收獲

5.您會推薦本書給朋友嗎？

☐會　☐不會，為什麼？________________________________

6.其他寶貴的意見：________________________________

____

____

____

讀者基本資料

姓名：__________________　年齡：_____　性別：☐女　☐男

聯絡電話：_______________　E-mail：__________________

地址：____

學歷：☐高中(含)以下　☐高中　☐專科學校　☐大學

☐研究所(含)以上　☐其他______________

職業：☐製造業　☐金融業　☐資訊業　☐軍警　☐傳播業　☐自由業

☐服務業　☐公務員　☐教職　☐學生　☐其他__________

請貼
郵票

To：114

台北市內湖區瑞光路 583 巷 25 號 1 樓

秀威資訊科技股份有限公司　　　收

寄件人姓名：

寄件人地址：□□□

(請沿線對摺寄回,謝謝!)